JN414172

요트 스케치

Yacht Sketch

저자소개

권영곤
홍익대학교 예술학과/산업디자인과 졸업
Diploma, Boatbuilding, Unitec, New Zealand
Msc., High Performance Boat, Ship Science, University of Southampton, UK
ygkyachtdesign@gmail.com

이 준
MPhil/Ph.D, Yacht Engineering, FSIRG, University of Southampton, UK
RYA/MCA Yachtmaster Sail, UK
현재 인하공업전문대학 조선해양과 재직 중
fjlee@inhatc.ac.kr

요트 스케치

초판 인쇄 2015년 4월 20일
초판 발행 2015년 4월 30일

지은이 권영곤, 이 준
펴낸이 최국주
펴낸곳 동명사
출판등록 1950년 11월 1일(제1-76호)
주소 (우 413-756) 경기도 파주시 회동길 50(문발동)
전화 031-955-7200(대표)~2, 7203(편집부), 7204(물류)
팩스 031-955-7205
전자우편 webmaster@dmsbook.com
홈페이지 www.dmsbook.com

ISBN 978-89-411-8145-3 93550
값 18,000원

"본 교재는 2014년 특성화 전문대학 육성사업 지원금으로 개발된 것입니다"

Contents

List of Figures

CHAPTER. 1

시작하면서

"발몬드씨, 건축과 관련해서 제일 좋아하는게 무엇입니까?"

"제일요? 종이요. 좋은 종이 한 묶음과 연필 한 자루 입니다. 그것만 있으면 전 충분해요....(중략) ....자.. 이런 종이 위에서 뭐든지 할 수 있죠. 끼적거릴 수도 있고, 뭔가 설계를 할 수도 있고, 작곡, 글쓰기... 정말 뭐든 할 수 있죠."

나의 아버지 뻘 되는 스리랑카 출신의 1943년생 건축가(Architect) 세실 발몬드(Cecil Balmond)는 "건축을 말하다－대담(Talking Architecture, The Interviews)"이라는 책에서 이렇게 말했습니다(한국에서는 "나는 건축가다"라는 제목으로 번역되었습니다).

나는 세실 발몬드라는 사람을 잘 모릅니다. 그러나 그가 한 말은 무척이나 와 닿습니다. 저도 그렇게 생각하거든요. 세실도 인터뷰에서 이야기 했듯이 책을 쓰는 저도 제가 누군지 잘 모르겠어요. 조선기술자(naval architect)인지, 요트설계자(Yacht Designer)인지 아니면 그 외 조선분야의 기술자(Engineer)인지 도통 헷갈립니다. 그러나 하나는 확실합니다. 설계라는 것의 첫 시작은 종이와 연필로 시작한다는 점입니다. 참으로 종이와 연필이 가지는 힘은 막강합니다. 그러나 무엇보다 나는 연필의 나무 향기와 옛부터 사용한 종이와 연필의 이 단순함이 참으로 좋습니다.

이 책은 본격적인 요트설계(Yacht Design)를 위한 책이 아닙니다. 다만 요트스케치를 위한 책이며 스케치를 통해 요트설계나 큰 배의 설계에 흥미를 가질 수 있도록 하기 위함입니다. 요트를 설계하려면 수많은 이론을 알아야 할 것이고 그것에 친숙해지고 나면 머리속의 아이디어를 스케치하게 될 것입니다. 그러나 나는 이 어려운 요트설계 이론을 이제 막 이 분야에 입문하려 하는 사람에게 강요하고 싶진 않습니다. 오히려 거꾸로 머리 속에 있는 자기가 상상하는 배를 스케치할 수 있도록 돕고 싶을 뿐입니다. 그러다 보면 필요한 것을 하나씩 배워 나갈 것입니다. 그래서 이 책은 요트설계 나아가 선박설계를 배우려고 하는 고등학생이나 대학교 1학년 정도의 학생을 대상으로 합니다.

컴퓨터와 정보통신기술이 세계를 지배하고 있지만 결국 세상은 인간에 의해 변화되고, 인간의 생각은 종이와 연필에 의해 현실이 됩니다. 물론 종이와 연필을 생략하고 아이디어를 컴퓨터에서 바로 작업할 수 있겠지만, 난 그래도 조용한 곳에서 나누는 종이와 연필과의 대화가 좋습니다. 새로운 것을 창조한다는 것은 종이, 연필 그리고 시간의 문제입니다. 자연을 벗삼아 마치 화가같이 산이나 바다에서 할 수 있다면 더 좋겠지요. 저는 이제 이 분야를 시작하려는 학생들에게도 이 방법을 꼭 권하고 싶습니다.

요트설계에 관한 이론은 하나도 집어넣지 않았습니다. 오직 스케치를 위한 내용 만 넣었으며 읽고 따라 하는데 큰 어려움은 없을 겁니다. 그리고 각 스케치에 투사지(Tracing Paper)를 붙여 밑그림을 따라 그리다 보면 자신이 생길 겁니다. 나중에 종이 한 장 꺼내서 따로 그려보세요. 배도 좋고, 집도 좋고, 물건도 좋고, 비행기도 좋습니다.

이 책을 만드는데 있어 권영곤 선생님의 역할이 컸습니다. 권영곤 선생님은 국내에서 산업디자인을 공부한 후 마냥 배가 좋아 다시 뉴질랜드와 영국에서 배와 요트설계를 공부했습니다. 책의 앞에 연락처를 남겨 두었으니 참고하시길 바랍니다.

여러분 앞날에 건투를 빕니다.

CHAPTER. 2

요트와 관련하여

2.1 요트(Yacht)란?

현대적인 의미로는 개인 용도의 여가나 경기를 즐기기 위한 배를 요트라고 합니다. 요트는 배를 움직이는 힘을 어디서 얻느냐에 따라 기관(Engine)을 사용하는 파워요트(Power Yacht)와 세일(Sail)을 사용하는 세일요트(Sail Yacht)로 나눕니다. 〈그림 2.1〉과 〈그림 2.2〉는 전형적인 파워요트와 세일요트의 모습입니다. 배의 크기를 가지고 이야기했을 때, 요트는 작은 크기의 배를 뜻하는 보트(Boat)에 들어갑니다. 그래서 해군에서 사용하는 경비정(Patrol Boat)은 보트라는 말을 사용하지 요트라는 말을 사용하진 않습니다.

Figure 2.1 : 파워요트의 예시(선시커_Sun Seeker, 영국)

Figure 2.2 : 세일요트의 예시(롤렉스 패스트넷 경기_Rolex Fastnet Race, 영국)

2.2 아키텍트(Architect) 디자이너(Designer) 그리고 엔지니어(Engineer)

옷부터 복잡한 비행기나 배와 같은 물건까지, 요즘에는 모든 물건에 디자인(Design)이란 말을 사용합니다. 선박이나 요트 분야에서도 물론 디자인이라는 말을 씁니다. 흔히 설계라고 이야기합니다. 배의 구조를 설계하는 구조설계(Structural Design), 배의 기본 사양을 결정하는 기본 설계(Basic Design) 등이 있지요. 그런 설계 일을 하는 사람을 설계자 또는 디자이너(Designer)라고 합니다.

반면 유럽과 같은 요트가 발달한 나라에서는 요트 디자이너라는 직업이 따로 있는데 이런 사람들은 새로운 배를 생각해서 그림을 그리는 일도 같이 합니다. 디자인이라고 하면 왠지 고상하게 들릴 것입니다. 그도 그럴 것이 일반인들이 설계에서 볼 수 있는 것은 외관 말고는 그리 없습니다. 그렇다 보니 종종 외관만 그리는 사람을 디자이너라고 오해할 수 있습니다. 디자이너는 외관도 그리지만 그 외관 속에 숨어 있는 수많은 계산도 같이 합니다. 아주 가끔 요트의 외관이나 내부의 화려한 모습을 전문적으로 그려내는 사람들이 있는데 그런 사람을 스타일리스트(Stylist)라고 합니다. 당연히 요트나 배를 설계할 때 참여하기도 합니다.

또한 배에서는 건축가와 마찬가지로 배 전체 사양을 계획하고 결정하는 사람도 있습니다. 배의 크기와 주요 장비 등을 결정하고 배 내부에 구획을 나누며 배의 가격을 계산하는 것 등, 수많

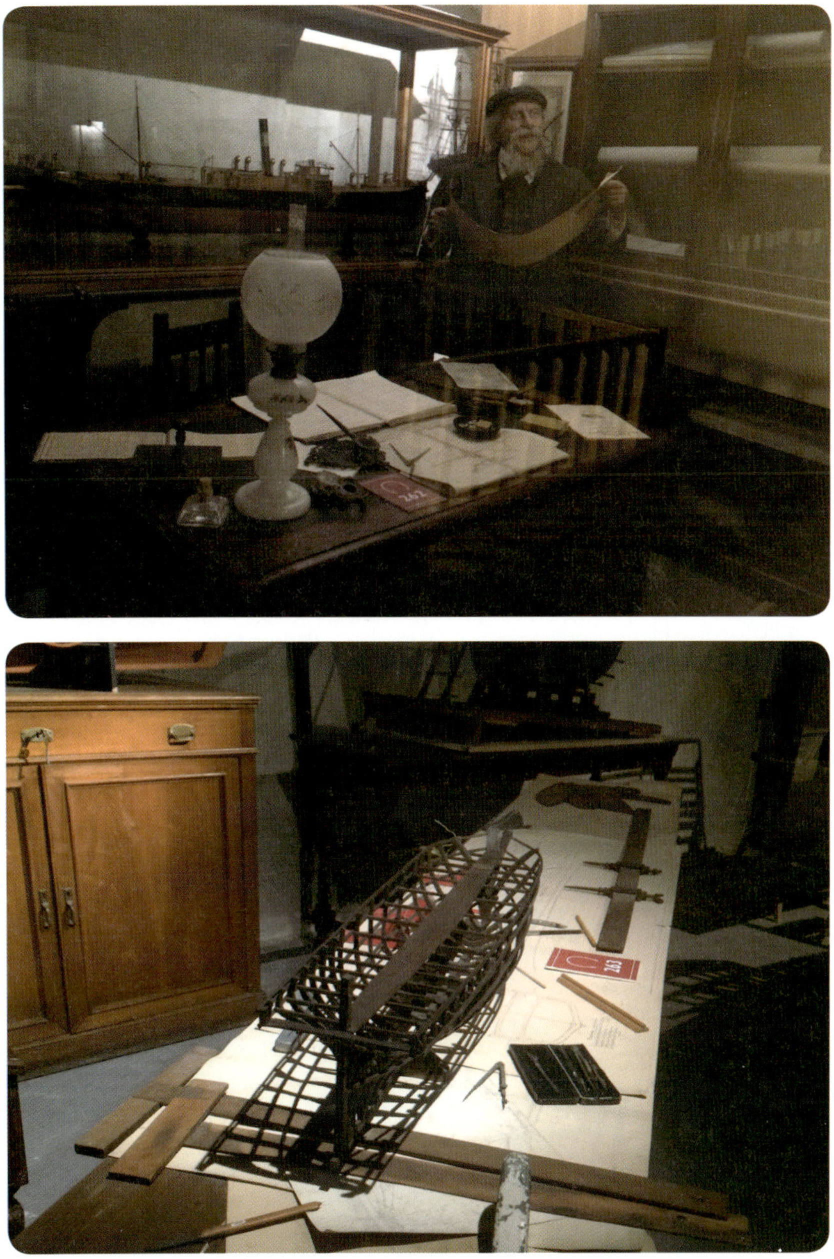

Figure 2.3 : 조선기술자와 그들이 사용했던 도구들(제노바 해양박물관, 이탈리아)

은 결정을 해야 하는 일을 합니다. 건축에서와 유사하게 이런 일을 하는 사람을 조선기술자 또는 네이벌 아키텍트(Naval Architect)라고 합니다.

〈그림 2.3〉은 옛날 이탈리아에서 활동했던 조선기술자의 모습과 그들이 사용했던 도구들을 복원한 모습입니다.

기술자(Engineer)라고 하는 말은 광범위하게 쓰입니다. 설계를 하는 기술자도 있고 배를 직접 만드는 일을 하는 기술자도 있습니다. 설계를 하는 기술자를 설계 기술자(Design Engineer)라고도 하며 현장에서 만드는 일을 하는 사람을 그냥 기술자(Engineer)라고 하기도 합니다. 배 주위를 흐르는 물과 배와의 관계를 찾아내는 유체해석 기술자(FluidDynamicist), 배의 구조를 해석하는 일을 하는 구조해석 기술자(Structural Analysist), 배의 전기 설비를 설치하는 전기 기술자(Electrical Engineer) 등 배에는 수많은 엔지니어들이 있습니다.

요트는 배가 작다 보니 아키텍트와 요트설계자가 같은 사람인 경우가 많습니다. 그러나 요트가 커지면 아키텍트와 디자이너는 하는 일이 조금씩 구분되기 시작합니다. 우리나라와 같이 큰 배를 설계하고 만드는 나라는 그 업무가 확연하게 구분되어 있습니다. 요트분야도 배가 커지면 아키텍트, 디자이너, 스타일리스트, 엔지니어가 구분되는 경향이 있습니다.

2.3 요트 디자이너나 아키텍트가 되는 방법

배의 설계와 관련된 것을 배우려면 대학을 가는 편이 좋습니다. 다행스럽게 우리나라에는 조선공학과, 선박공학과와 같이 배를 가르치는 대학이 많습니다. 그러나 불행하게도 요트를 가르치는 곳은 없습니다. 하지만 요트도 배이기 때문에 배를 공부하는 것이 요트설계의 기본이라 할 수 있습니다.

한편 세일요트 설계를 배우려고 하면 공기와 날개에 관련된 것을 추가로 알아야 하기 때문에 조선공학을 하면서 항공공학 분야도 공부해야 합니다. 무엇보다 가장 큰 어려움은 요트라는 물건 하나만 전체적으로 놓고 보는 곳이 우리나라에서는 흔하지 않다는 것입니다.

외국의 대학을 가는 것도 하나의 방법입니다만 모든 것은 아닙니다. 영국이나 이탈리아에는 요트만 전문적으로 가르치는 대학이 있습니다. 외국의 대학을 가려면 먼저 언어 문제를 해결해야 하며 그 학교에서 요구하는 수준을 갖추어야 한다는 어려움이 있습니다.

대학을 졸업하면 이제 요트설계를 하는 회사에서 계속 설계 경험을 쌓아 나가는 것입니다. 그러나, 이 책을 쓰는 2015년을 기준으로 해서 우리나라의 현실을 생각 해보면, TV나 잡지에서 보는 화려한 요트 세계는 아직 우리에게 멀리 있는 것 같습니다. 무엇보다 바다를 대하는 서로의 문화가 다르다는 것이 가장 큰 차이입니다. 그래서 아직은 요트설계자가 되려면 외국의 학교나 회사에서 배워 나가는 것이 오히려 기회가 더 있지 않을까 합니다. 우리나라를 포함한 세계 어디서나 요트설계자가 된다는 것은 그리 쉬운 일이 아닙니다.

무엇보다 중요한 것은 요트설계자가 되려는 여러분 개개인의 의지입니다. 대학은 많은 것을 할 수 있는 곳이고 또 친구와 전문가를 만날 수 있는 곳입니다. 그들은 당신 인생에 있어 큰 재산이 될 것입니다.

CHAPTER. 3

스케치 기법

가끔 선박 관련 기술자들과 설계나 스타일링(Styling)에 대해 이야기하다 보면, 그들도 상당히 새롭고 신선한 아이디어를 가지고 있는 것을 알 수 있습니다. 하지만 항상 안타까운 점은 이들이 아무리 멋진 스타일을 마음속에 가지고 있다 하더라도 이를 표현하여 자기 자신이나 다른 사람들에게 이해시키는 방법상의 문제로 공감대를 형성하지 못하는 경우를 자주 목격한다는 점입니다. 어떤 엔지니어는 스케치를 하나 너무 시간이 오래 걸리기도 하고, 어떤 분은 자신이 생각한 기발한 스타일을 말로 설명하려다 그냥 포기하는 경우도 있습니다.

이 책은 아키텍트, 디자이너, 엔지니어가 되려는 학생들에게 가장 기본적인 스케치의 기법을 사용하여 자신의 아이디어를 다른 이들에게 간단하면서도 충분히 전달할 수 있는 능력을 키우는 것에 목적을 두고 있습니다. 따라서 아래에 설명할 내용들은 "어떻게 하면 스케치가 멋진 작품처럼 보이게 할까?"보다는 "어떻게 하면 간단하면서도 입체감 있게 생각을 표현할 수 있을까?"에 무게가 실려 있습니다.

3.1 선의 사용

스케치를 하는데 있어서, 선을 다르게 사용함으로써 보는 이에게 조금 더 디자인 의도를 선명하게 보여줄 수 있습니다. 가장 중요한 포인트는 선의 굵기 조절, 강약 조절, 소재 표현이 있습니다. 이 세 가지의 요소가 스케치에서 어떤 효과를 내는지 살펴 보겠습니다.

3.1.1 선의 굵기 조절

선의 굵기를 이용하여 중요한 부분을 강조를 할 수 있을 뿐만 아니라, 물체 외곽(Outline)의 강조, 이어진 면과 떨어진 면의 표현을 확실히 보여줄 수 있습니다. 〈그림 3.1〉을 보면 선을 반복적으로 사용하여 요트 측면의 대략적인 생김새를 그린 후, 그보다는 굵은 단선으로 가는 선들 위에 다시 그렸습니다.

Figure 3.1 : 배 외곽선의 시작

선체(Hull)와 선루(Superstructure), 차인 선(Chine Line), 스위밍 덱(Swimming Deck)이 표현되어 있지만, 무언가 명확하게 그려졌다는 느낌은 들지 않습니다.

반면, 〈그림 3.2〉에서는 굵은 선을 사용하여 외곽을 강조하였고, 선체와 선루사이도 나누어져 있다는 느낌이 확연히 듭니다. 챠인 선과 공기 흡입구(Air Intake) 부분에서는 떨어진 부분이라기 보다는 살짝 안으로 들어간 면이라는 것을 표현하기 위해 가늘 거나 중간 굵기의 선이 사용되었습니다.

선의 굵기 조절은 또한 원근감을 표현하기 위해 사용될 수 있습니다. 지금 바로 앞에 있는 책상 위의 물건들과 창문 넘어 멀리 있는 산속의 나무(물체)를 비교해볼까요? 어떤 것의 외곽이 명확

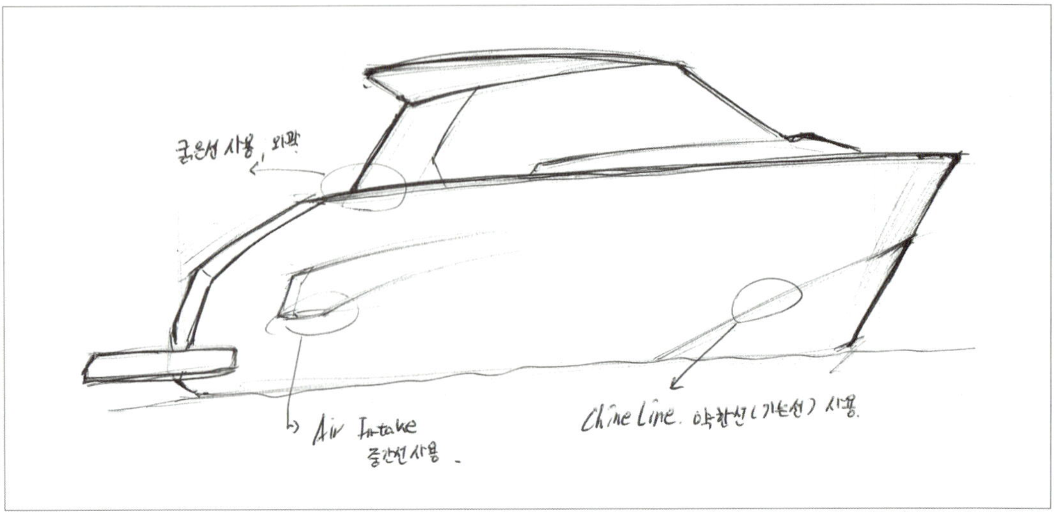

Figure 3.2 : 배 외곽선에서 굵은 선 사용

이 보일까요? 아마도 바로 앞에 있는 물체의 외곽이 훨씬 명확하게 보일 것입니다. 가까운 물체는 굵은 선을 써서 테두리가 확실하게 보이도록 하고 뒤에 있는 물체는 가는 선을 써서 화면의 깊이(어느 물체가 앞에 있고 어느 물체가 뒤에 있는지—원근감)를 표현할 수 있습니다.

3.1.2 선을 이용한 소재 표현

단순히 선을 다르게 사용함에 따라 다양한 소재의 표현이 가능합니다. 같은 정육면체라 하더라도 외곽선의 사용(추가적인 간단한 표현)에 따라 정육면체가 다르게 보일 수 있습니다. 소재의 특성을 표현할 때에는 선의 길이와 선 사이의 이어지는 관계가 매우 중요한데 다음 이미지를 통해 좀 더 자세하게 설명해 보겠습니다.

〈그림 3.3〉 위의 이미지를 보면, 나무의 경우 외곽의 선은 하나의 선이 아니라 짧은 선들이 여러 가닥으로 나눠져 있는 것을 알 수 있습니다. 또한 마치 손가락으로 누르면 들어갈 것 같은 부드럽게 생긴 정육면체는 각각의 모서리가 하나의 선으로 이뤄져 있지만, 직선이 아닌 부드러운 곡선으로 되어 있습니다. 반면 플라스틱은 모서리 면이 단선으로 되어있습니다. 선의 사용은 소재의 표현과 직접적으로 연결되어 있기 때문에 적절한 선을 사용하는 것이 중요합니다. 이처럼 선의 길이나 꺾임 정도로 소재의 표현이 가능하다는 것은 다른 말로 하면 선 사용을 잘못하면 스케치가 오해를 일으키거나 또는 어색해 보이는 경우가 생길 수 있다는 것입니다.

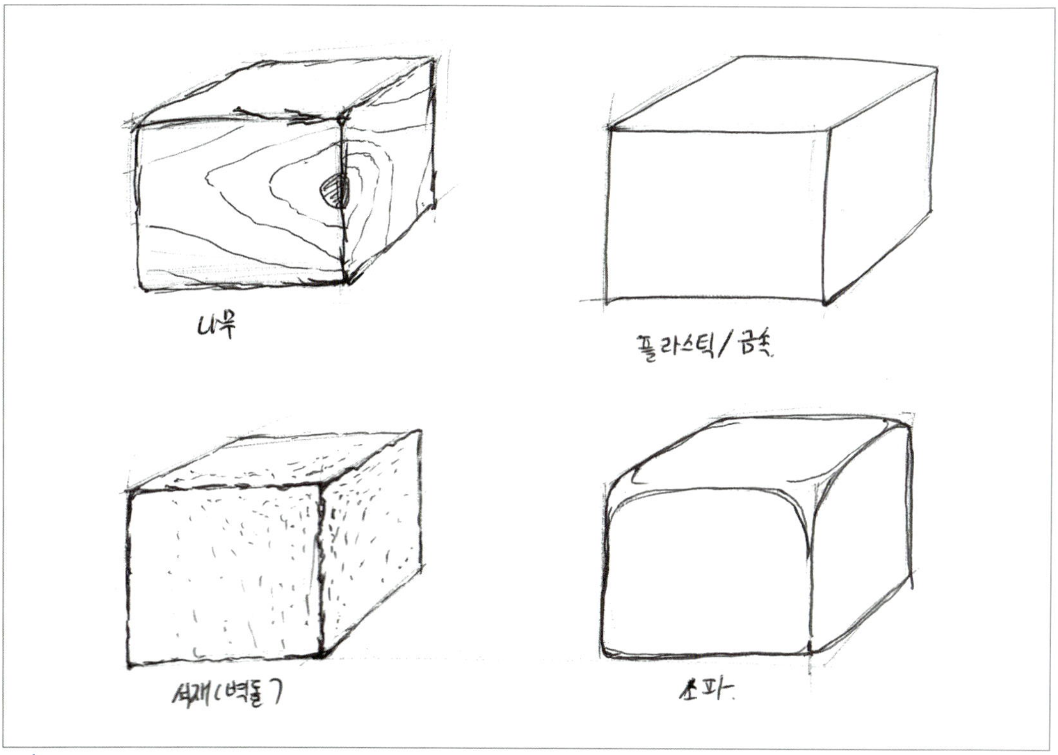

Figure 3.3 : 선을 이용한 소재 표현

예를 들어 요트의 선체는 대부분 플라스틱이나 알루미늄으로 이루어져 있습니다. 따라서 선체의 측면은 깔끔한 직선이나 곡선으로 이뤄져 있지요. 하지만 이런 선체의 모서리를 그릴 때 깔끔한 하나의 선으로 그리는 대신 여러 단선을 이어서 그린다면 어떻게 될까요? 아마 그 스케치는 소재 표현이 잘못되었기 때문에 어색해 보일 것입니다.

3.2 입체(투시도법)의 이해 – 소실점

창 밖으로 지나가는 자동차를 바라보면 같은 크기의 자동차라도 멀리 있는 것은 작아 보이고 가까이 있는 것은 커 보입니다. 이처럼 관찰자와 물체간의 거리 차이에 따라 같은 물체라도 크기가 달라 보이고 관찰자와의 거리가 멀어지면 멀어질수록 물체는 점점 작아 보이다가 결국에는 사라지게 되지요. 이렇게 물체가 없어져 보이는 곳을 소실점이라고 합니다. 소실점은 단지 가까이 있는 사물과 멀리 있는 물체 사이에만 관계하는 것이 아니라 한 물체 안에서도 작용합니다. 그리

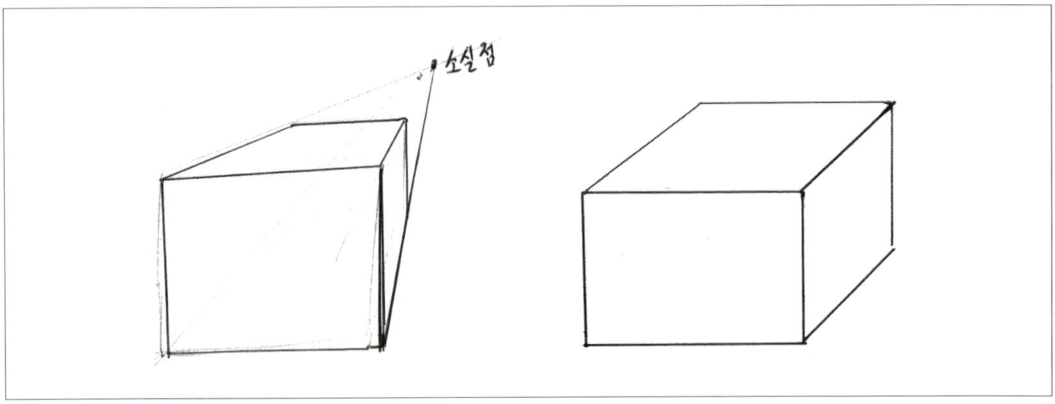

Figure 3.4 : 소실점

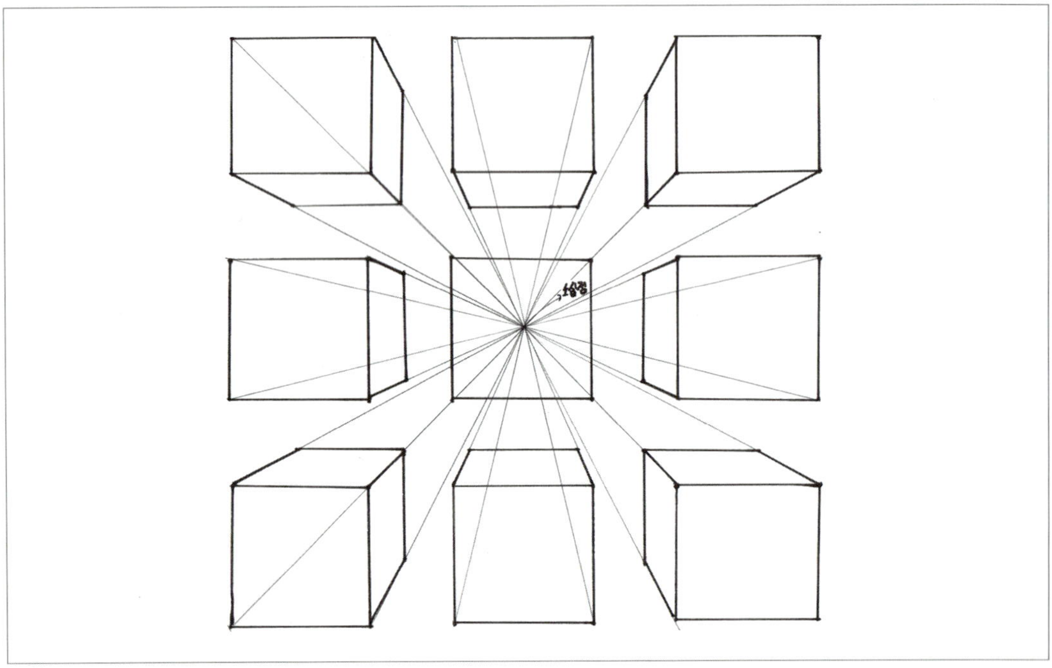

Figure 3.5 : 1 소실점의 예

고 이 소실점을 이용하면 물체를 더욱 사실감 있게 보이게 할 수 있습니다.

〈그림 3.4〉 왼쪽 이미지를 보면 소실점을 이용한 육면체는 마치 커다란 건물을 위에서 바라보고 있는 듯 하지만, 소실점을 사용하지 않은 오른쪽 육면체는 그냥 눈 앞에 있는 물체로 보입니다. 이처럼 소실점을 사용해 물체의 크기감, 원근감을 표현할 수 있습니다. 이 소실점을 이용해 원근감, 크기감을 표현해 그리는 방법을 투시도법이라고 합니다.

소실점은 경우에 따라 1 소실점, 2 소실점, 3 소실점으로 나타납니다.

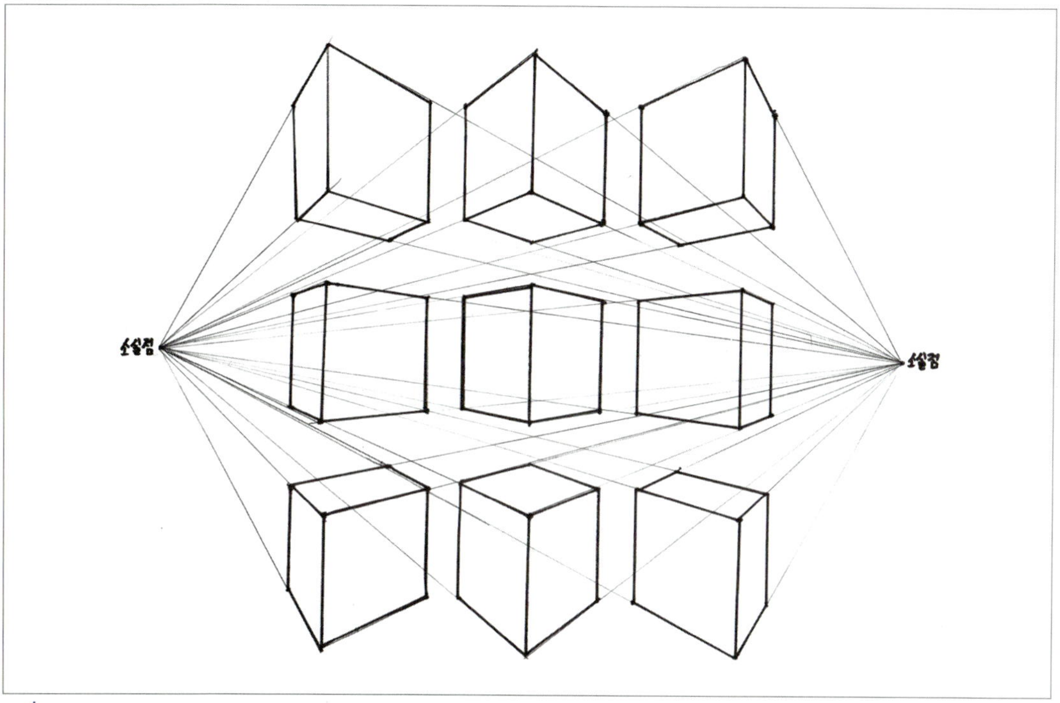

Figure 3.6 : 2 소실점의 예

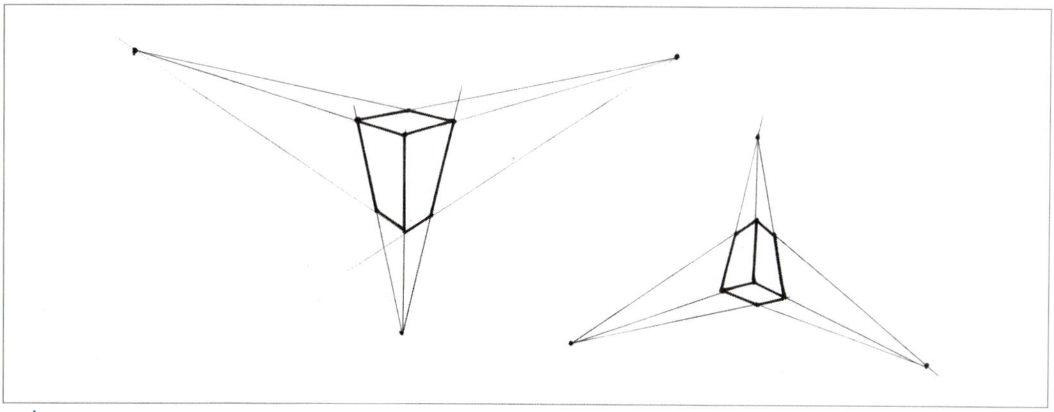

Figure 3.7 : 3 소실점의 예

1 소실점은 〈그림 3.5〉와 같이 관찰자가 하나의 면을 보고 있을 경우에 생깁니다. 2 소실점은 〈그림 3.6〉과 같이 평행으로 바라보는 면이 없을 경우 생기게 되지요. 3 소실점은 〈그림 3.7〉과 같이 기존의 2 소실점에 소점을 하나 더 추가시켜 물체의 길이감을 표현할 때 사용할 수 있습니다. 높이감이나 수직 방향으로의 깊이감을 표현할 때 주로 사용합니다.

이제 소실점에 관한 스케치를 따라 그려 봅시다.

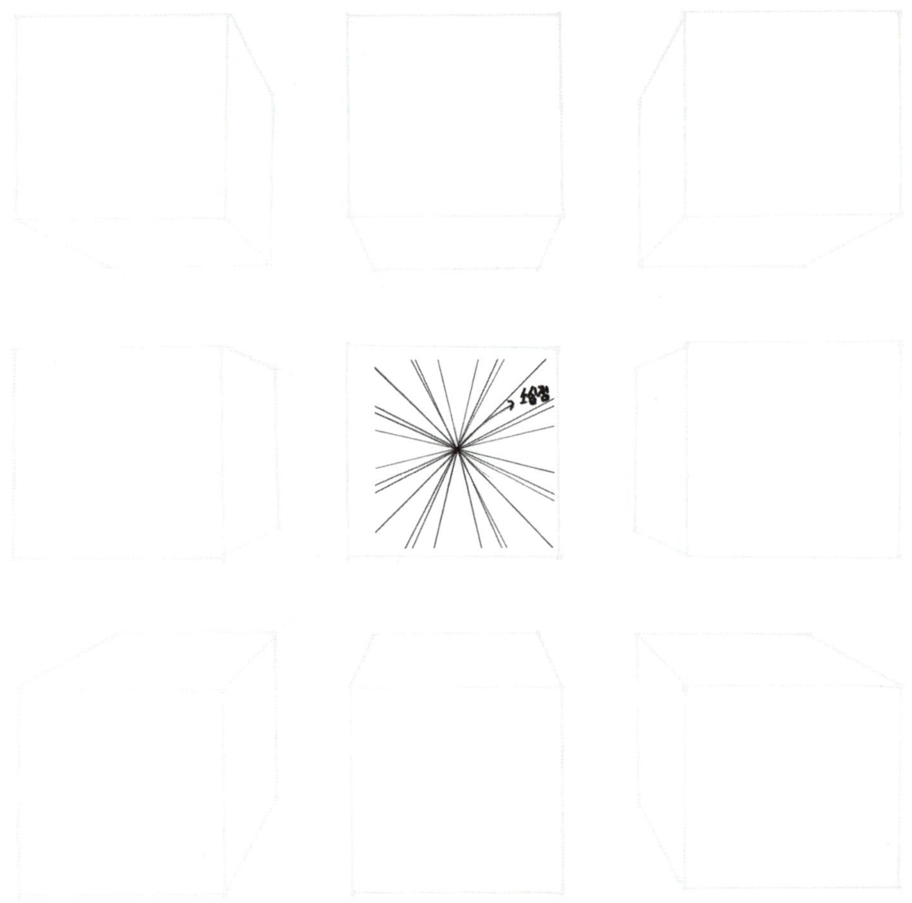

Figure 3.8 : 1 소실점 따라 그려보기

Figure 3.9 : 2 소실점 따라 그려보기

Figure 3.10 : 3 소실점 따라 그려보기

3.3 입체 – 분할과 추가를 이용한 형태 만들기

우리는 선을 사용하는 방법과 소실점을 이용한 입체 만드는 방법에 대해서 간단히 살펴 보았습니다. 이번 장에서는 육면체를 이용하여 조금 더 복잡한 형태를 만들어 보도록 하겠습니다. 요트 인테리어를 포함하여 대부분의 사물들을 자세히 살펴보면 의외로 단순한 형태들의 조합이라는 것을 알 수 있습니다.

예를 들어 일반적인 아파트의 경우 커다란 육면체가 건물의 큰 외형을 이루고 있고, 조그마한 육면체들이 창문을 이루고 있습니다. 휴대폰은 납작한 육면체 모양인데 모서리가 살짝 둥근 형태입니다. 사물의 부분 부분을 보는 것이 아니라 큰 형태들의 집합체로 본다면, 우리를 둘러싸고 있는 대부분의 물체가 높이, 길이, 넓이가 다른 육면체나 실린더 형태, 또는 이 두 형태가 합쳐져 있거나 약간 변형된 형태로 이루어져 있다고 해도 과언이 아닐 것입니다.

그렇다면 어떻게 육면체와 실린더를 이용하여 단지 육면체와 실린더가 아닌 현실에서 더욱 의미 있는 형태를 만드는지에 대해 설명하겠습니다.

3.3.1 육면체를 이용한 형태 만들기

육면체의 면 분할을 통해서 간단한 'ㄱ'자 형태의 소파(Sofa, Settee)를 만들어 보도록 하겠습니다. 우선 소파는 일반적으로 사람의 눈 높이 보다 아래에 있기 때문에 〈그림 3.11〉과 같이 윗면이 보이는 육면체를 그립니다.

다음으로는 사람이 앉는 부분을 면 분할을 통해 그려 보겠습니다. 위에 그린 육면체의 높이를 통해 대략적인 소파의 넓이를 가늠해 볼 수 있습니다. 위에 그린 육면체에 넓이를 감안하여 〈그림 3.12〉와 같이 면을 분할합니다.

이번에는 등받이를 그리기 위해 작은 육면체를 더해 보겠습니다. 기존 수직선에 연장선을 만들고 등받이의 높이와 넓이를 전에 그렸던 앉는 부분의 높이와 넓이에서 오는 비례감을 감안하여 정합니다. 〈그림 3.13〉과 같이 그려질 것입니다.

마지막으로 보조선을 지워주거나 소파의 형태가 명확하게 보이도록 굵은 선으로 강조해 줍니다. 그러면 〈그림 3.14〉와 같이 될 것입니다.

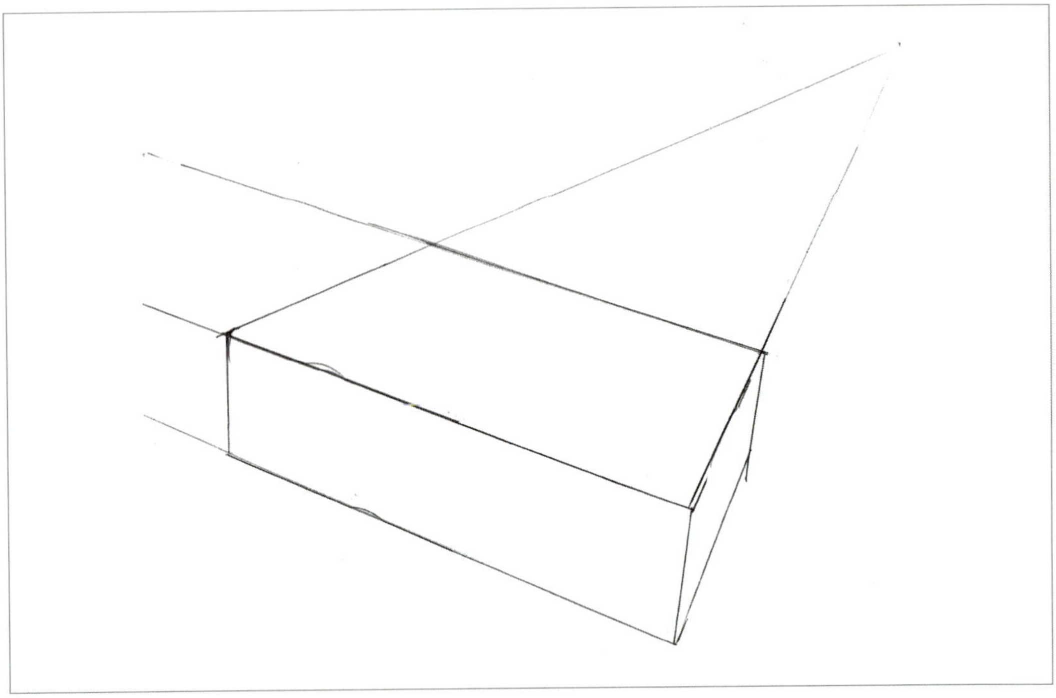

Figure 3.11 : 소파(Sofa, Settee)를 위한 육면체 그리기

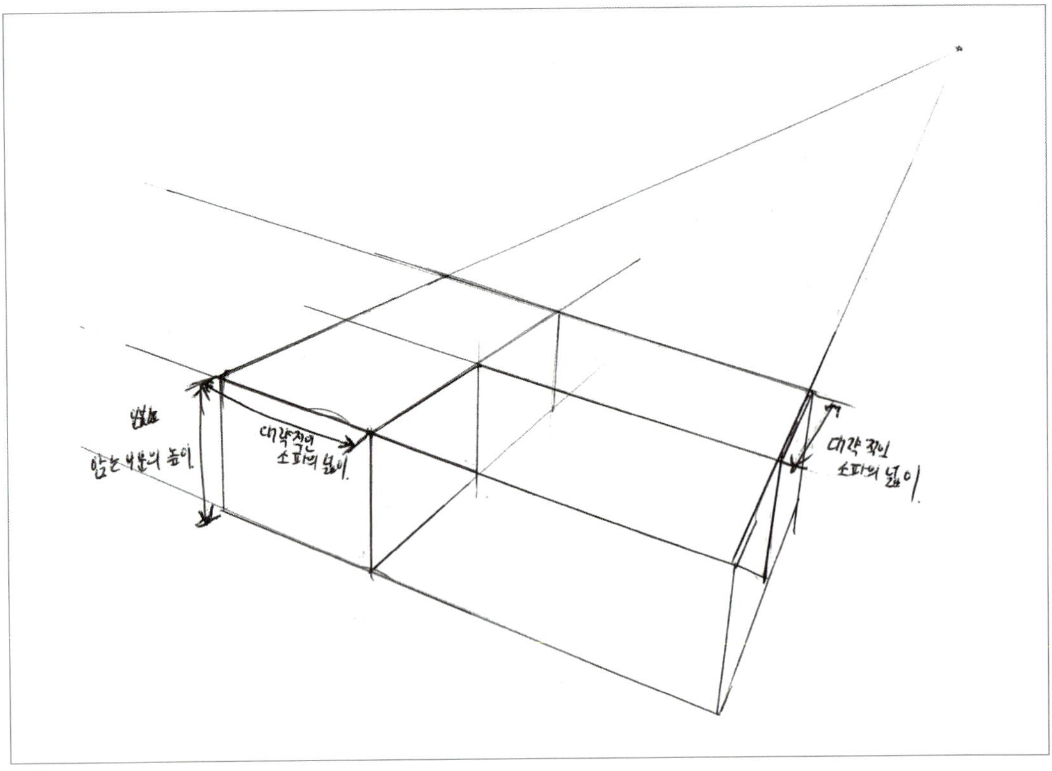

Figure 3.12 : 소파(Sofa, Settee)를 위한 육면체 분할

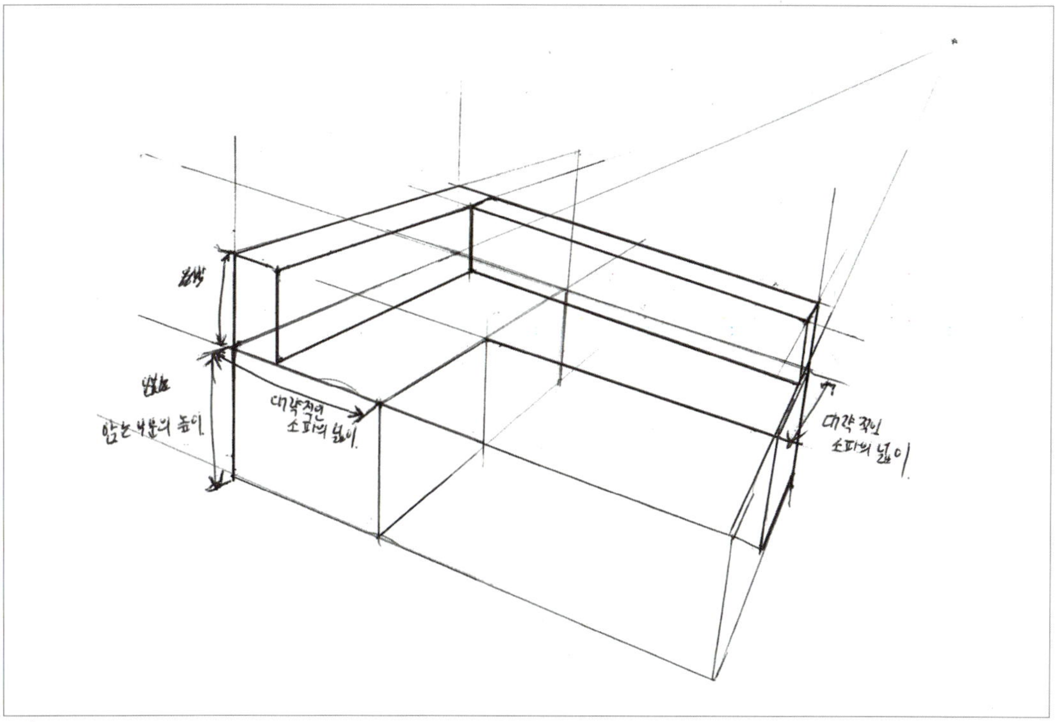

Figure 3.13 : 소파(Sofa, Settee) 등받이를 위한 육면체 그리기

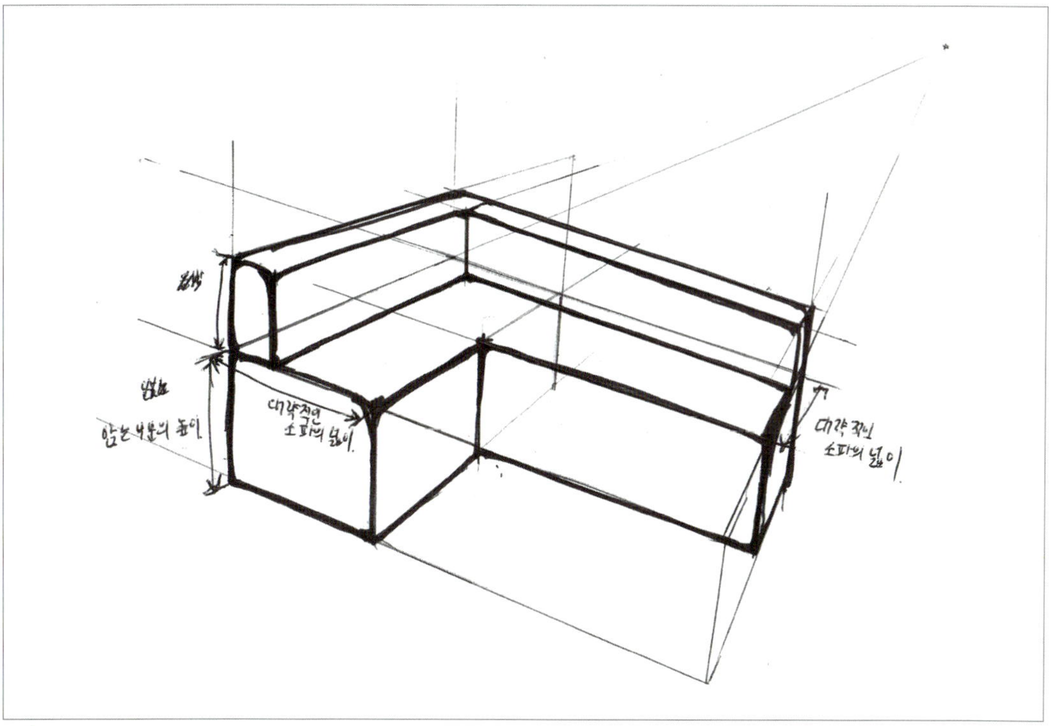

Figure 3.14 : 소파(Sofa, Settee) 그리기

육면체를 분할하거나 다른 형태를 추가할 때 중요한 포인트 중의 하나는 비례감입니다. 앞에서 소파를 그릴 때, 등받이 부분의 높이는 앉는 곳의 넓이를 감안하여 "대략 이 정도 될 것이다"라는 생각으로 그렸습니다. 이 부분에 대해서는 요트 디자인과 관련된 "인간공학(Ergonomics)" 분야에서 구체적으로 설명하지만, 그린 물체 사이의 크기 관계에 따라 물체가 다르게 보일 수 있다는 점을 반드시 알았으면 합니다.

3.3.2 실린더 만들기

실린더는 육면체와 함께 사물의 형태를 이루는 기본적인 형태 중 하나입니다. 실린더를 그리기 위해서는 원의 형태를 어떻게 입체화하느냐가 중요한데, 그렇다면 어떻게 평면에 원을 그리고 그것을 어떻게 입체화된 형태(타원)로 변형시키는지를 설명해 보겠습니다. 〈그림 3.15〉를 따라 해보고 〈그림 3.16〉에 직접 그려 봅시다.

- 1단계는 정사각형을 그린 후 16등분을 합니다.
- 2단계는 각 면의 가장자리 사각면에 대각선을 긋습니다.
- 3단계로, 수평, 수직선과 대각선이 만나는 점을 모두 찾아 표시를 합니다.
  (12개의 점이 만들어 집니다.)
- 마지막으로 각각의 점을 곡선으로 연결해 주면 원이 완성됩니다.
- 위와 같은 방법은 정육면체의 각 면에도 적용할 수 있습니다.

이와 같은 방법으로 만들어진 타원 형태는 실린더의 기본 형태로 사용할 수 있습니다.

이 방법의 장점은 대략적인 타원의 형태를 쉽게 알 수 있다는 것이지만, 단점으로는 시간이 오래 걸린다는 것입니다. 이런 이유로 보통 디자이너들은 이 방법을 사용하기보다는 연습을 통해 〈그림 3.17〉과 같이 보조선 없이 감각으로 그리는 것을 선호합니다. 따라 그려 봅시다.

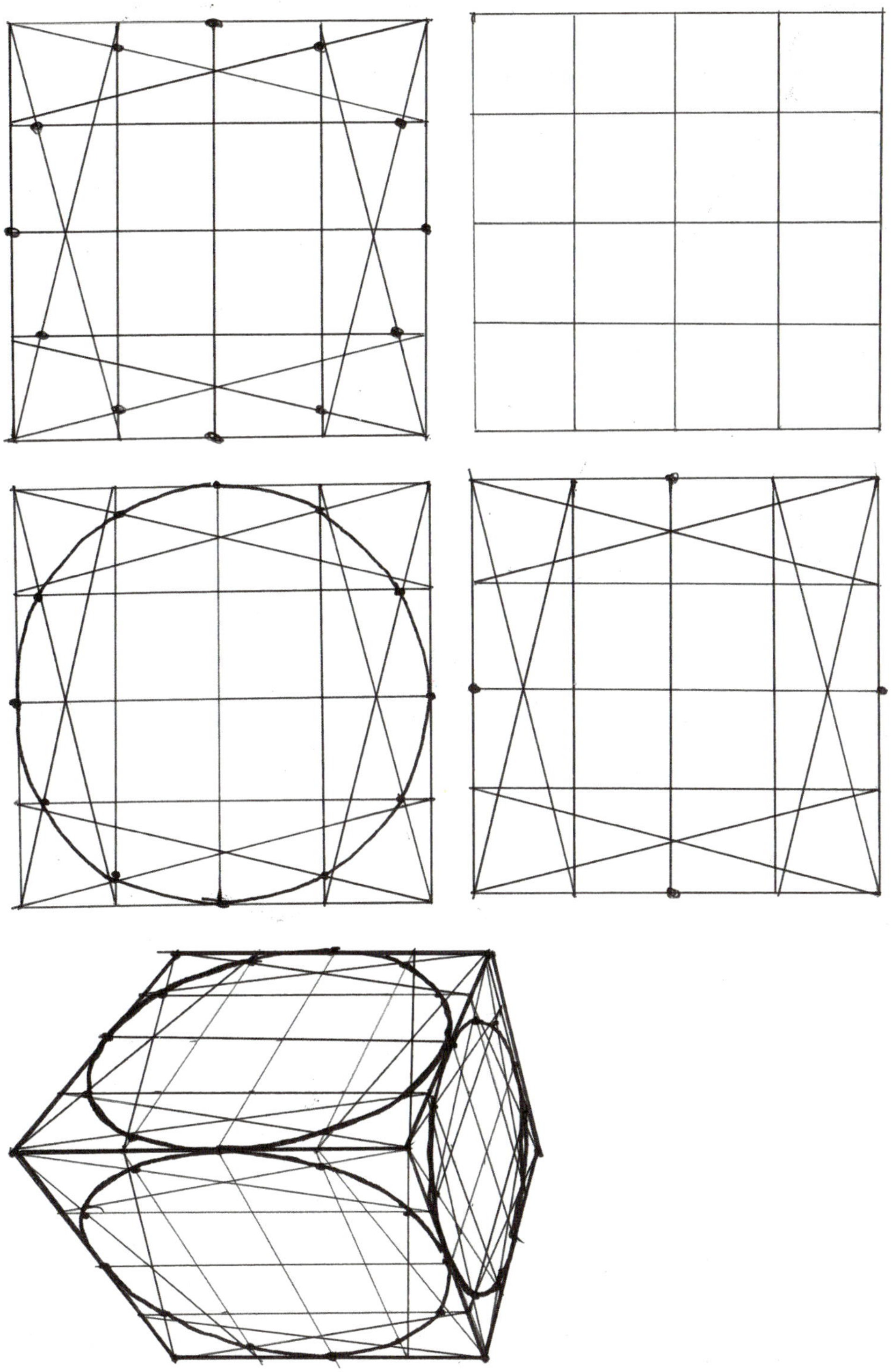

Figure 3.15 : 원 그리기

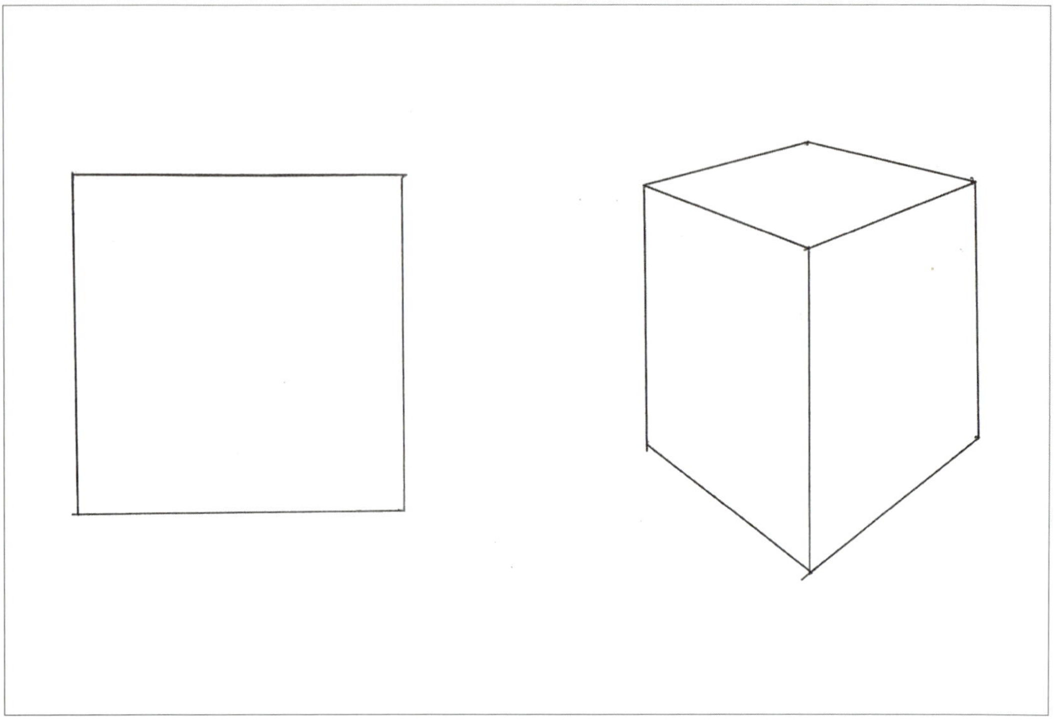

Figure 3.16 : 원 따라 그려보기

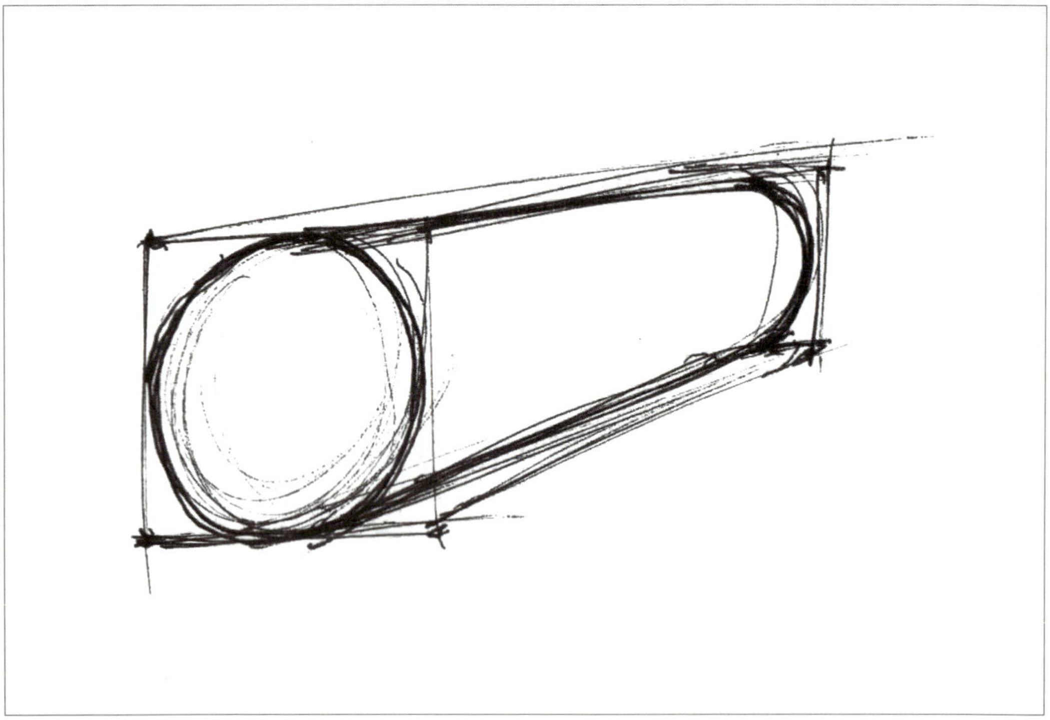

Figure 3.17 : 실린더 따라 그려보기

3.4 명암을 이용한 입체감 주기

앞에서 정사각형을 이용해 그린 원과 아래 이미지에서 보이는 구형은 어떤 차이가 있을까요?

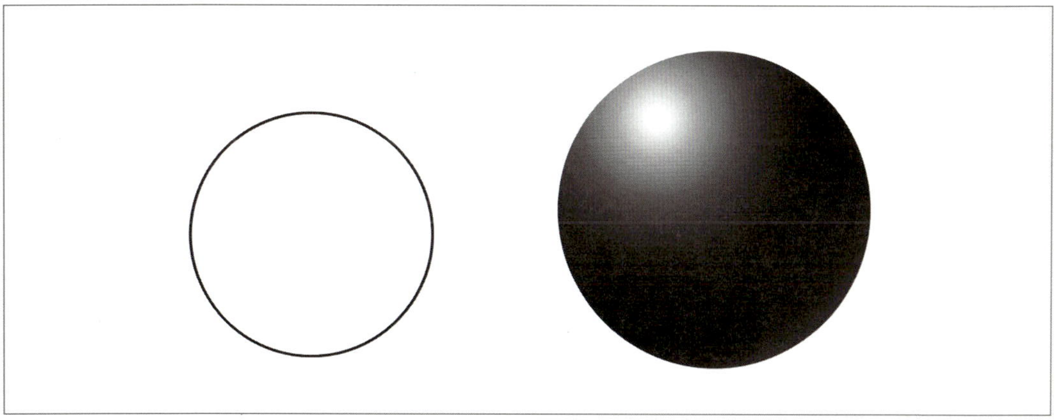

Figure 3.18 : 원과 구의 표현

원과 구의 외형은 똑같이 원형입니다. 원의 경우 단지 평면으로 보이지만, 구의 이미지를 보면 마치 공이나 구슬처럼 보입니다. 이처럼 입체감이 있어 보이는 이유는 명암과 반사광(Refection)에 있습니다. 명암과 반사는 원을 구 형태로 보이게 할 수 있을 뿐만 아니라 물체의 소재를 달리 보이게끔 할 수 있습니다. 실린더의 형태를 가지고 명암에 대해 설명해 보겠습니다.

〈그림 3.19〉에서와 같이 실린더에서 보이는 명암은 크게 빛을 직접으로 받는 부분 a와 받지 않는 부분 b로 나눌 수 있습니다.

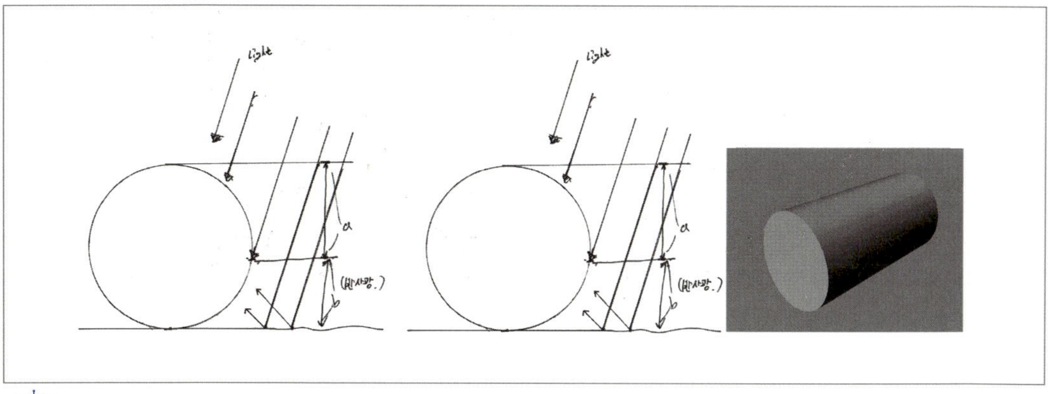

Figure 3.19 : 명암과 반사광

빛을 받는 부분 a은 빛과 면의 각도가 90도에 가까워질 수록 밝아지고 90도보다 커지거나 작아질수록 점점 어두워집니다. b부분은 빛이 면에 직접 닿지 않기 때문에 a보다는 어둡지만, a와 b의 경계부분(가장 어두운 곳)보다는 약간 밝습니다.

빛에 직접적으로 닿지는 않는 부분에서 명암의 차이가 나는 이유는 반사광이 있기 때문입니다. 빛이 바닥에 반사되고 난 후 물체에 닿기 때문에 직접적으로 오는 빛보다는 강도가 약합니다. 하지만 이 반사광으로 인해 면이 직접적으로 빛에 노출되지는 않더라도 경계 부분보다는 밝게 보이는 이유입니다.

3.5 반사(Refiection)를 이용한 재질 표현

이제 우리는 빛이 입체에 어떻게 적용하는 지에 대해 간략하게 알게 되었습니다. 여기에서는 조금 더 나아가 반사를 통해 어떻게 재질을 표현하는지 알아 보겠습니다. 반사는 명암과 함께 물체에 적용되어 입체감을 주는 동시에 어떤 소재가 디자인에 쓰였는지를 알려주는 중요한 요소입니다.

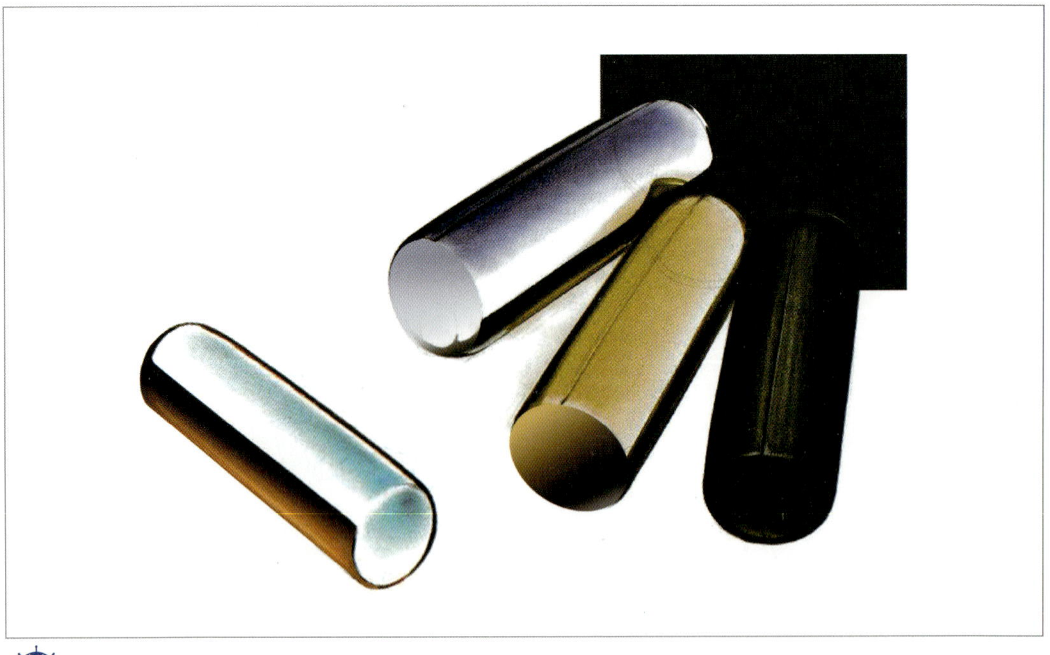

Figure 3.20 : 반사광으로 재질 표현

〈그림 3.20〉에 있는 실린더를 보면, 어떤 것은 소재가 나무인 듯이 보이고 어떤 것은 크롬으로 도금이 된 듯 합니다.

이처럼 반사는 명암에 의해 입체감이 생기는 물체에 추가적으로 '어떤 소재가 쓰였다'라는 추가 정보를 표현해 줍니다. 그렇다면 이 재질감의 원리는 무엇인지 한번 알아 보겠습니다. 여기서 사용되는 반사의 의미는 주변 사물을 보여주는 이미지의 반사와 물체에 닿는 빛의 반사로 나누어질 수 있습니다. 이 두 가지 관점에서 앞의 실린더를 한 번 바라 보겠습니다.

나무 질감의 실린더의 경우 다른 것과 비교해 보면 전반적으로 어두워 보이고, 또한 주변(이 경우 옆에 있는 실린더)의 이미지를 전혀 반사하지 않습니다. 빛의 반사와 이미지의 반사도가 매우 낮습니다. 그렇다면 크롬 도금을 한 듯한 실린더는 어떨까요? 전반적으로 물체가 매우 밝아 보입니다. 빛을 받는 부분(흰색부분)이 나무 실린더 보다 매우 많을 뿐만 아니라, 반사광을 받는 원의 아래 부분 또한 상당히 밝습니다.

그렇다면 이미지의 반사는 어떨까요? 크롬 재질 실린더의 경우 빛을 받는 부분은 푸른색, 반사광을 받는 부분은 갈색을 보이고 있습니다. 이는 수평선 위의 푸른 하늘과 수평선 아래의 지면의 이미지(색상 포함)가 반사되었기 때문입니다. 만약 이 크롬 실린더가 아스팔트 위에 있다면, 빛을 받는 부분은 그대로 하늘색이지만 원의 아래 부분은 아마 어두운 톤의 회색(아스팔트 색상)이 될 것입니다.

빛의 반사와 이미지의 반사가 적은 적색 실린더는 플라스틱 재질을 보여주고 있습니다. 이 실린더의 반사율은 크롬보다 낮기 때문에 흰색(가장 빛을 많이 반사하는 부분) 부위는 적은 대신, 물체 고유의 색이 많은 것을 볼 수 있습니다.

CHAPTER. 4

스케치 실습

3장에서 우리는 스케치의 기본적인 기법에 대해서 살펴보았습니다. 이번 장에서는 전에 설명한 기법들이 어떻게 요트의 외관 디자인에 적용되는지 설명하겠습니다.

4.1 선체 스케치하기 – 평면

4.1.1 비례 맞추기 – 측면도(Profile View)

요트를 디자인하기 위한 가장 첫 번째는, 선체의 대략적인 비례를 맞추는 것입니다.

비례감이란 전체와 부분 또는 부분들 사이의 크기 관계를 말하는데, 요트 디자인에서의 가장 중요한 비례감은 선체와 선루 사이에 있습니다. 이 두 부분 사이의 비례에 따라 디자인하려는 배가 어선처럼 보일 수도 있고, 다른 한 편으로는 잠수함 처럼 보일 수 있기 때문이죠. 요트 디자인의 의도가 어선처럼 생긴, 또는 잠수함처럼 보이도록 하는 것이 아니라면, 이런 문제는 선체와 선루 간의 비례에서 오는 문제입니다. 〈그림 4.1〉을 살펴보세요.

물론 위의 두 이미지는 극단적인 비례 불균형의 예를 든 것이고, 요트를 디자인하기 위해서는 좀더 세심한 비례감이 필요합니다.

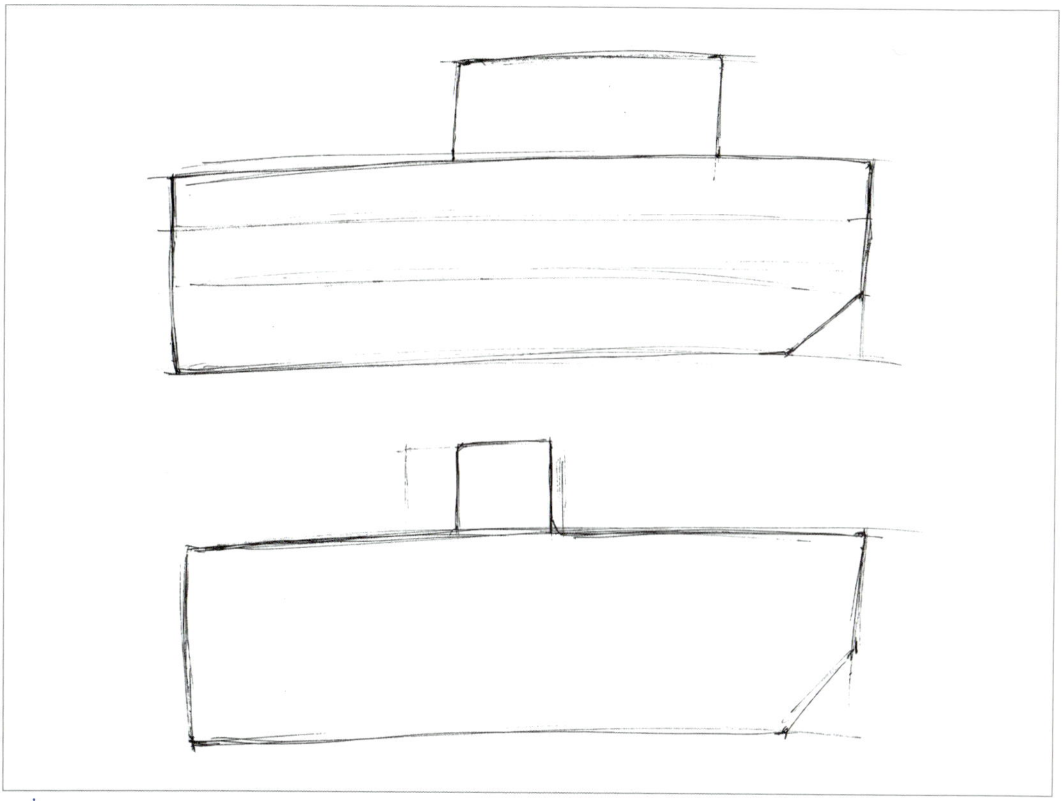

Figure 4.1 : 배의 측면과 비례

예를 들어 선주 혹은 제조사에서 70*ft*,[1] 플라잉 브릿지 형태(Flying Bridge Type)의 요트 디자인을 의뢰했다고 가정해 봅시다. 디자이너는 선주가 원하는 선체의 길이가 대략 70*ft*(약 21m)이라는 것만 알고 있습니다. 이런 상황에서 어떻게 요트의 비례를 맞추어야 할까요?

가장 쉬운 방법 중의 하나는 스케치에 사람을 그려보는 것입니다. 초반에 언급 했듯이 비례감은 전체와 부분 또는 부분 간의 크기관계를 말하는 것이고 스케치에 사람을 그려 넣어서 선체 크기에 대한 감을 쉽게 잡을 수 있습니다.

〈그림 4.2〉에서 볼 수 있듯이 선체의 크기는 비슷하지만, 윗 그림의 선체는 조각배 처럼 매우 작아 보이는 반면, 아래 그림의 선체는 위 선체보다 훨씬 더 커 보입니다.

이처럼 간단하게 사람을 그림으로 해서 선체와의 비교 대상이 생기고 이를 이용하여 배의 크기에 대한 감을 가질 수 있습니다.

1 *ft*는 feet의 준말로 대략 0.3041m이다.

Figure 4.2 : 사람을 이용한 배의 비례

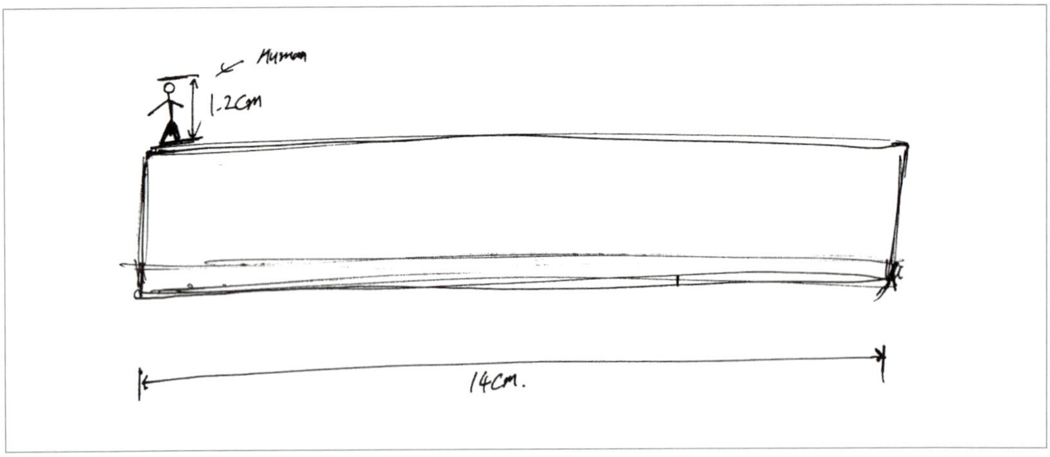

Figure 4.3 : 사람을 이용한 배의 비례 – 70*ft*의 경우

그럼 다시 70*ft* 요트로 돌아가 볼까요? 〈그림 4.3〉에서 사람의 키를 180cm이라고 가정하면, 사람과 선체길이(2,100cm)의 길이비례는 약 3/35 입니다.

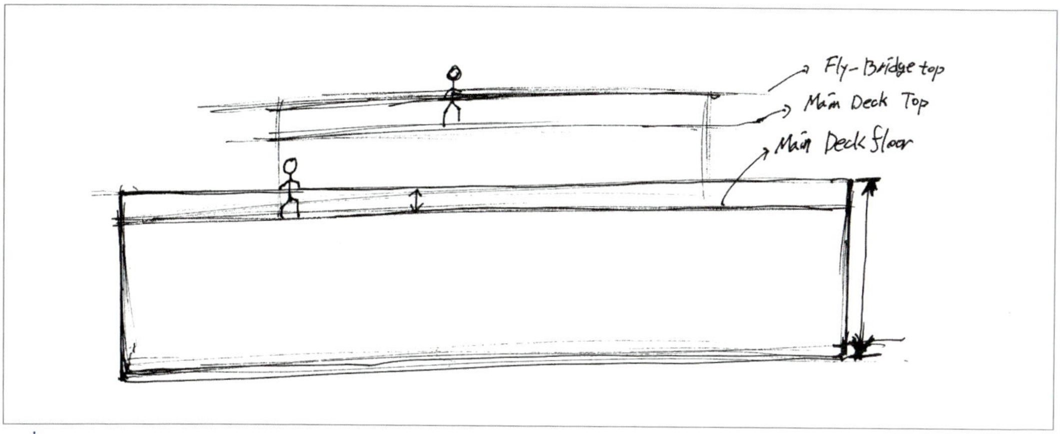

Figure 4.4 : 사람을 이용한 배의 비례 – 선루(Superstructure) 그리기

이미지에 그린 선체의 길이가 약 14cm이라고 한다면, 그림상 사람의 길이는 약 1.2cm이죠. 선체 위에 사람을 그림으로 해서 우리는 선루의 대략적인 높이를 가늠해 볼 수 있는 것입니다.

선주가 1층의 선루와 플라잉 브릿지를 원한다고 가정하였다면, 선루의 천장(스케치에는 Main Deck Top이라고 쓰여져 있습니다)은 사람의 키보다 조금 높고 플라잉 브릿지에서의 현장(Bulwark)[2] 높이는 사람의 허리 높이를 조금 넘습니다(스케치에서는 Fly Bridge Top이라고 쓰여져 있습니다). 따라서 선체의 '대략적인' 비례는 〈그림 4.4〉과 같을 것입니다. 주 갑판에서의 현장 높이도 사람의 허리 높이 정도로 잡았습니다.

앞의 방법을 통해 대략적인 높이를 정하면 이 조건 아래서 캐빈(Cabin)의 위치나 측면 디자인을 더욱 현실감 있게 할 수 있습니다.

4.2 선체 스케치하기 – 입체

여기에서는 이전에 언급하였던 스케치 기법이 어떻게 적용되는가를 70*ft* 요트의 예를 들어 설명해 보겠습니다. 여러 가지 예를 들었지만 가장 중요한 단계는 크게 투시가 적용된 육면체 그리기, 육면체를 분할하거나 세분화하여 구체적인 형태 그리기, 세부묘사하기 그리고 명암 표현하

2 통행의 안전을 위하여 선박 갑판의 가장자리에 담처럼 설치하는 구조물을 말한다.

기의 단계로 나눌 수 있습니다. 이 단계를 염두에 두면서 아래 예시를 따라 한다면 이해하기 쉬울 것입니다.

4.2.1 외관(Exterior) 예시 1

우선 비례를 감안하여 〈그림 4.5〉와 같이 커다란 두 개의 육면체로 선체와 선루의 대략적인 위치를 설정하였습니다.

다음은 선수(Bow)부분의 곡선 또는 곡면이 어디서 시작되고 끝나는지를 그리는 것입니다. 〈그림 4.6〉에 나와 있듯이 여기에서는 곡선의 끝점 A, B, B'를 가늠하였습니다. 이 점들의 위치를 어디에 둘 것인가는 다른 요트설계 책을 보아야 할 것입니다.

〈그림 4.7〉처럼 선루 부분도 세밀한 부분을 그리기 보다는 대략적인 커다란 덩어리를 먼저 그려 주었습니다. 이 때, 면을 따라 배의 횡방향으로 그어 준 가이드라인(Guide Lines)이 보일 겁니다. 이는 형태의 외형선만 있을 경우 구체적인 형태를 파악하기가 어려워지기 때문에 스케치를 하는 당사자나 보는 이의 이해를 돕기 위해 그리는 보조선입니다. 이 보조선들을 통해 선형이 어떻게 생겼는지를 보다 쉽게 알 수 있습니다. 원하는 위치에서 형태를 잘랐을 때 생기는 단면을 그리는 것이라고 생각한다면 보조선을 그리기 쉬울 것입니다.

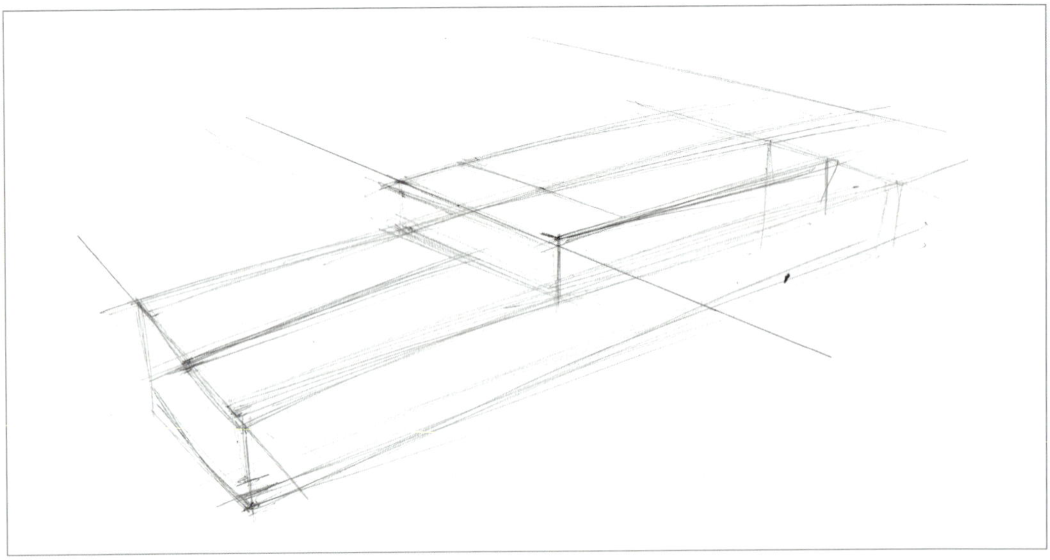

Figure 4.5 : 배의 입체 구도 잡기

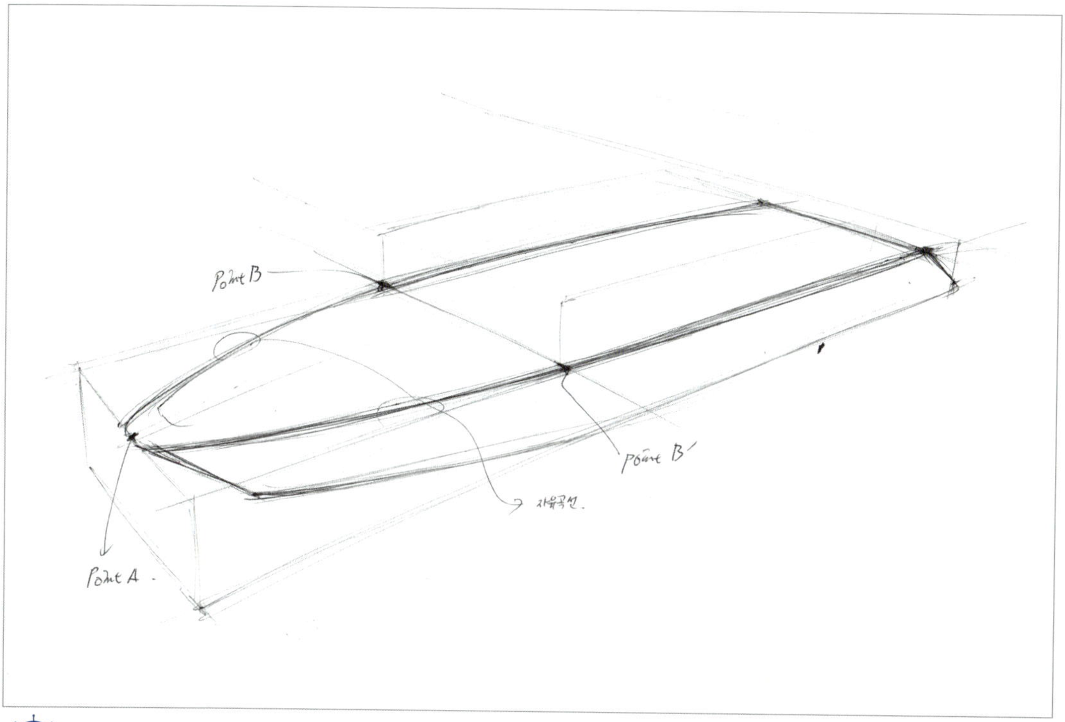

Figure 4.6 : 배의 선수(Bow) 위치잡기

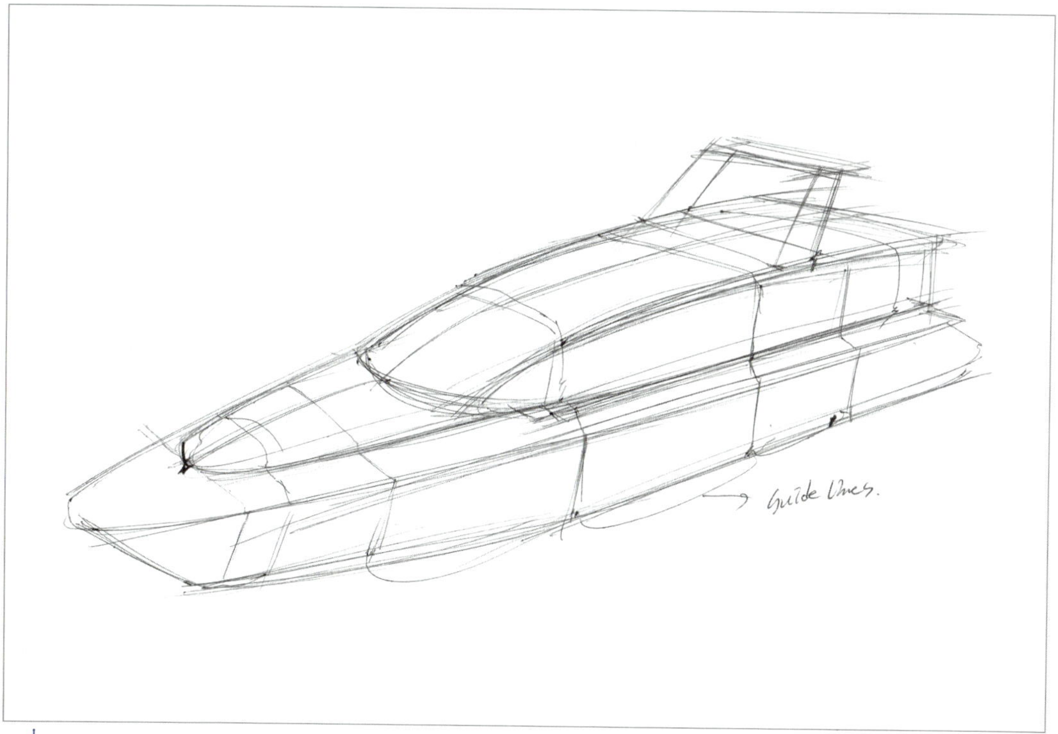

Figure 4.7 : 선루 그리기

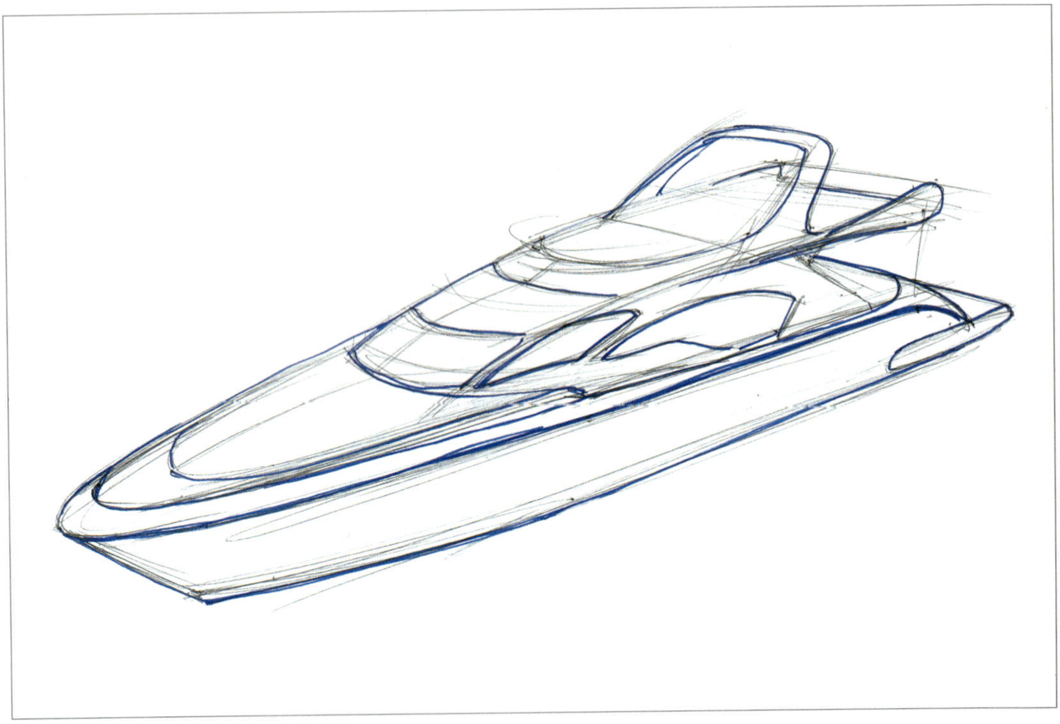

Figure 4.8 : 색깔로 강조선 넣기

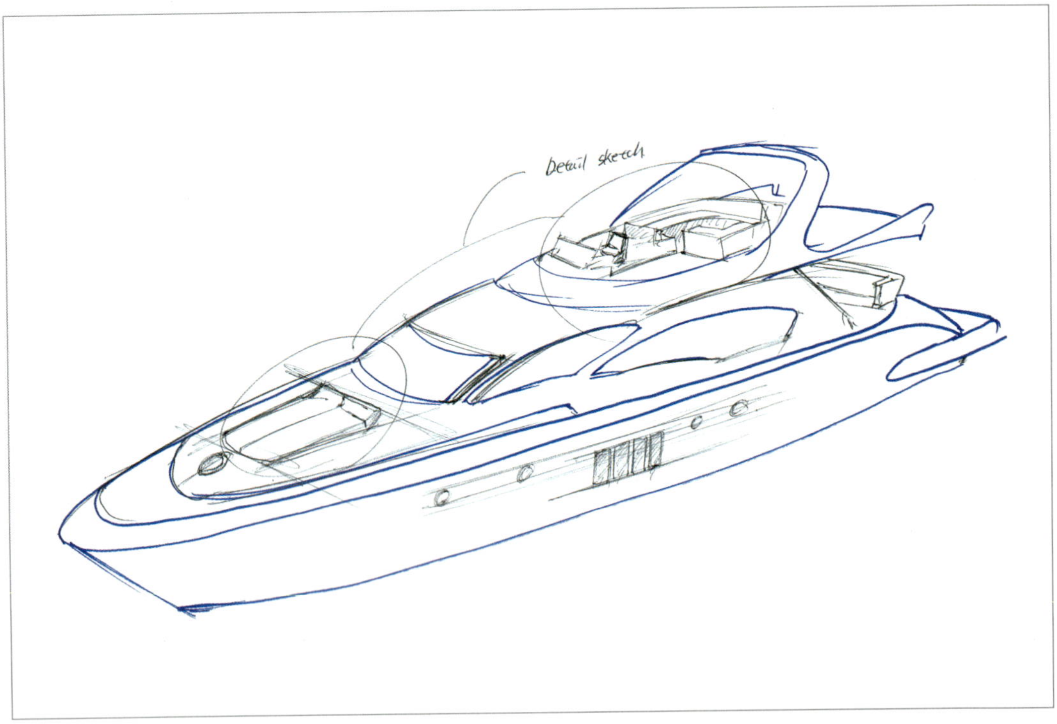

Figure 4.9 : 배의 세부묘사

Figure 4.10 : 배의 세부묘사 – 특징 강조 및 명암 넣기

스케치를 보면 요트의 모양이 조금 더 구체적으로 표현되어 있습니다. 또한 플라잉 브릿지 주변에 가느다란 선들이 많이 보입니다. 이는 대략적인 위치와 형태에 대한 비례와 형태를 맞추기 위함입니다. 가느다란 선들을 사용한 후 모양이 결정된 부분은 굵은 선으로 그려 확실한 형태가 (가는 선 사이에서) 보이도록 합니다. 〈그림 4.8〉의 스케치에서는 보다 명확하게 설명하기 위해 푸른 선을 사용하였습니다.

〈그림 4.9〉와 같이 세부묘사를 통해 스케치에 사실감을 더해 줍니다. 세부묘사는 언뜻 생각하면 중요하지 않을 것 같지만 이 묘사들을 통해 스케치가 더 사실적으로 보여집니다.

〈그림 4.10〉과 같이 요트의 외형과 특징적인 부분을 굵은 선으로 강조하고, 어두운 부분과 창문, 그림자를 해칭(Hatching)을 이용해 간단히 표현하였습니다.

이제 지금까지의 과정을 〈그림 4.11〉에 따라 그려 보세요.

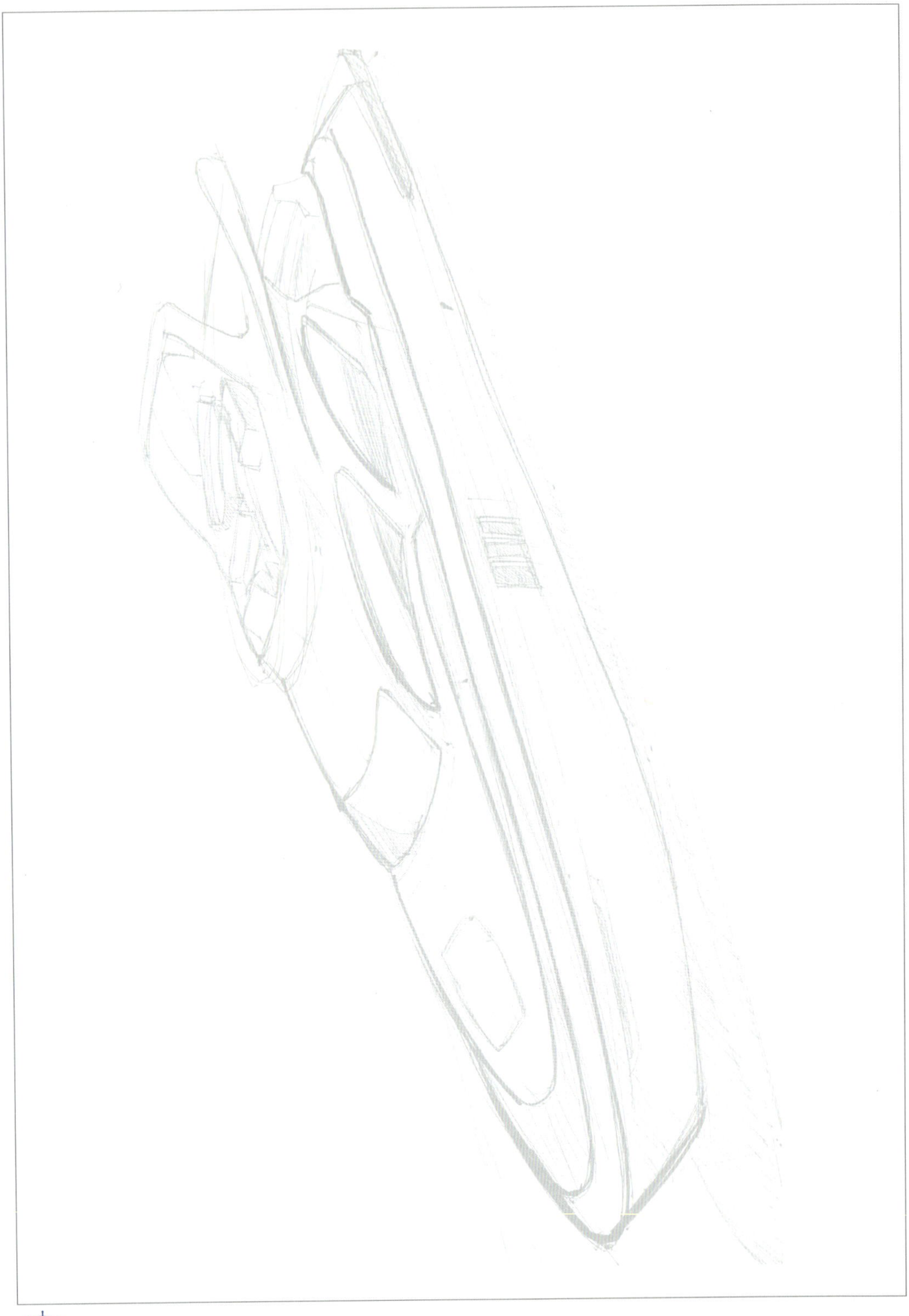

Figure 4.11 : 파워요트 따라 그려보기

4.2.2 외관(Exterior) 예시 2

지금까지 했던 과정을 다시 한번 단계별로 따라 그려 보세요. 각 그림은 아래의 단계를 뜻합니다. 〈그림 4.15〉에 명암도 같이 넣어 보세요.

– 1단계 : 표현하고자 하는 물체의 위치를 투시가 반영된 육면체로 그리기(그림 4.12)

– 2단계 : 육면체 세분화하기(그림 4.13)

– 3단계 : 세부묘사하기(그림 4.14)

– 4단계 : 명암/소재 표현 및 강조(그림 4.15)

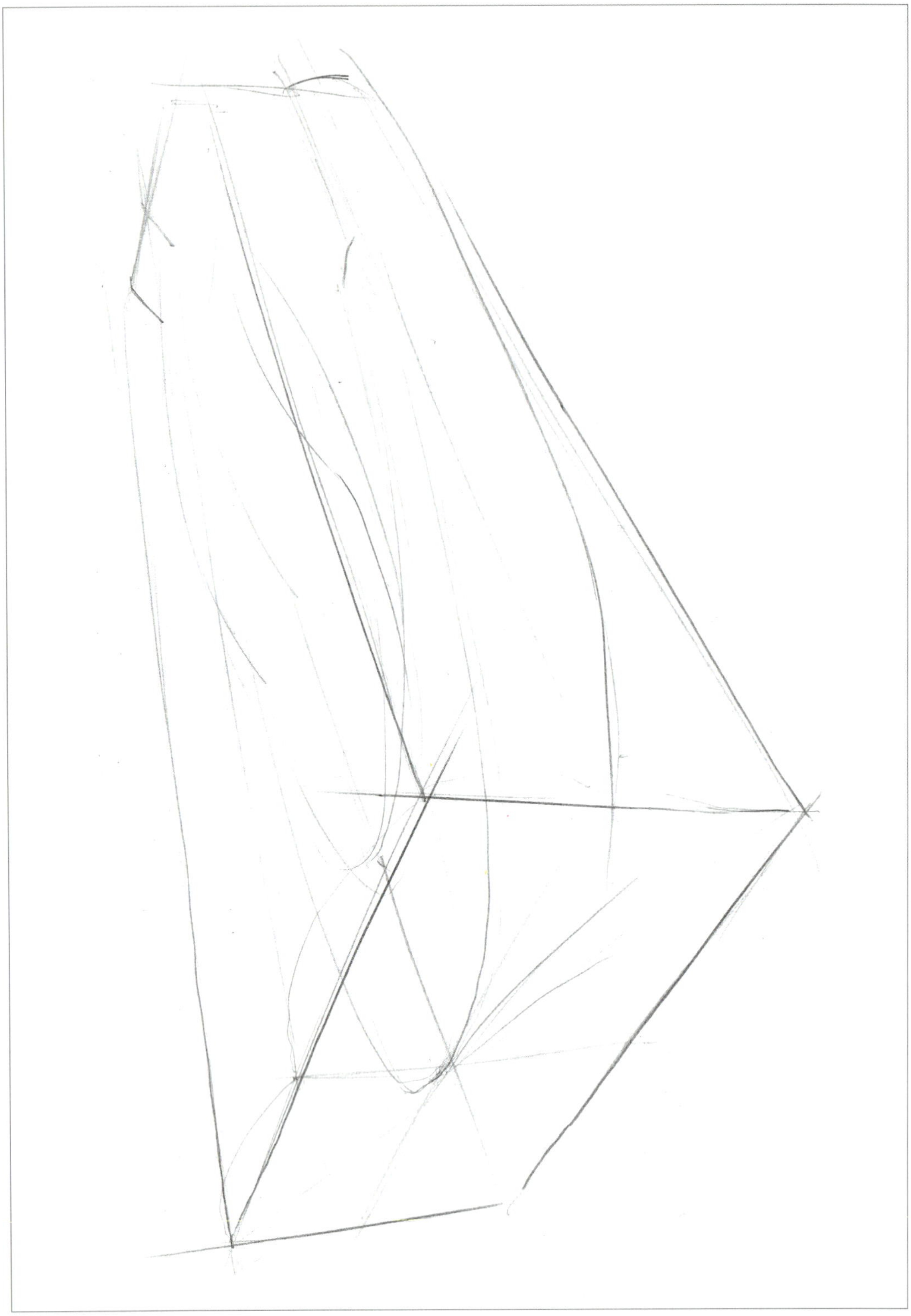

Figure 4.12 : 육면체 따라 그려보기

Figure 4.13 : 외곽선 따라 그려보기

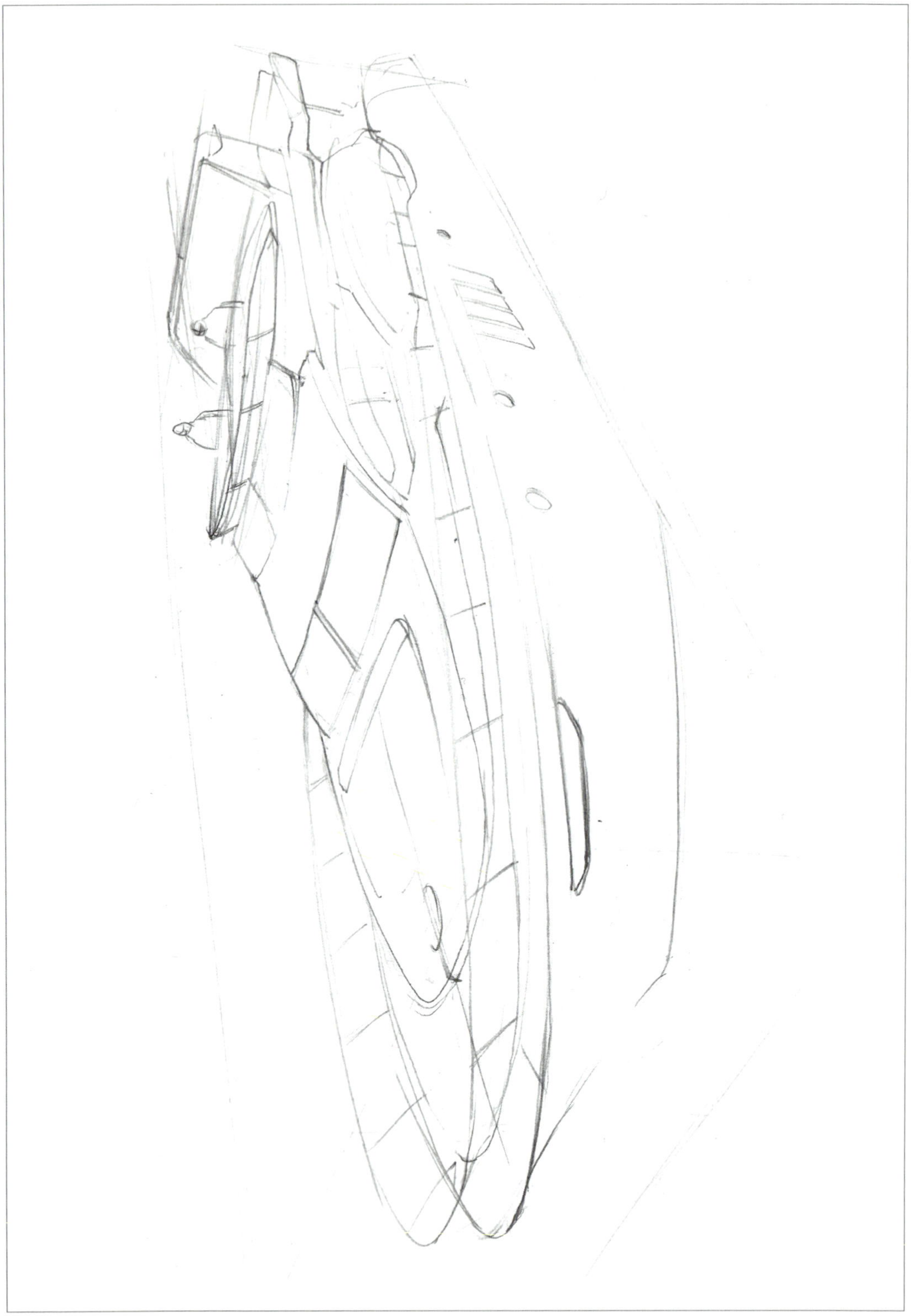

Figure 4.14 : 세부묘사 따라 그려보기

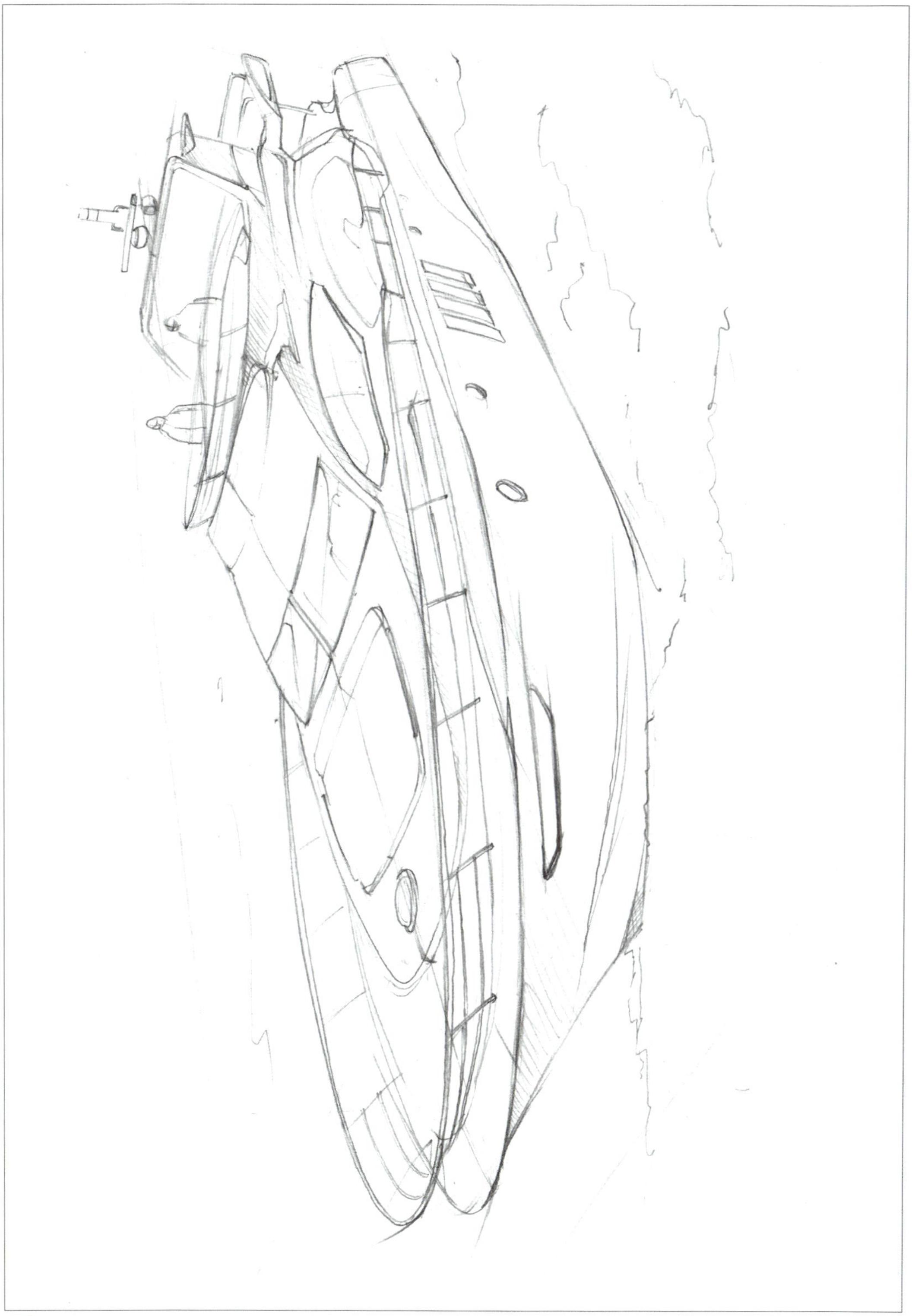

Figure 4.15 : 세부묘사 따라 그려보기 – 명암, 소재, 강조

4.2.3 내부(Interior) 예시 1

인테리어를 스케치하는 방법 또한 외형을 스케치 하는 것과 크게 다르지 않습니다. 다만, 처음에 육면체를 그리고 투시를 설정할 때 약간의 차이가 있습니다. 외형 디자인은 말 그대로 사물의 외관을 보여주는 것이기 때문에 육면체의 바깥 면을 보게 됩니다.

하지만 선실을 스케치할 때는 육면체를 그려 투시를 설정할 때에도 그 육면체의 안쪽 면을 볼 수 있도록 설정해야 합니다.

- 1단계 : 내부를 볼 수 있도록 육면체와 투시 설정하기(그림 4.16)
- 2단계 : 육면체를 추가하여 실내 공간을 확장하기 → 스케치의 2단 공간 구성(그림 4.17)
- 3단계 : 공간을 구체화 하기 → 공간을 구성하는 주요한 구성요소 먼저 그리기(그림 4.18)
- 4단계 : 세부 구성요소 그리기와 선으로 강조/명암주기(그림 4.19)

Figure 4.16 : 육면체와 투시 설정하기

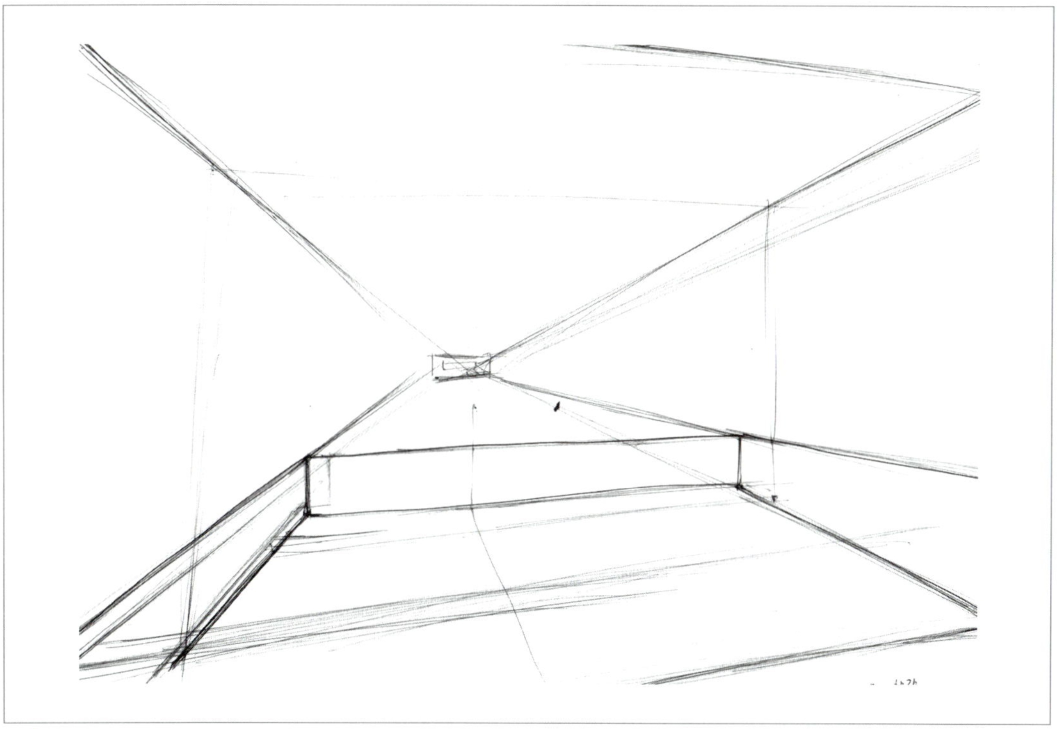

Figure 4.17 : 실내 공간 확장하기

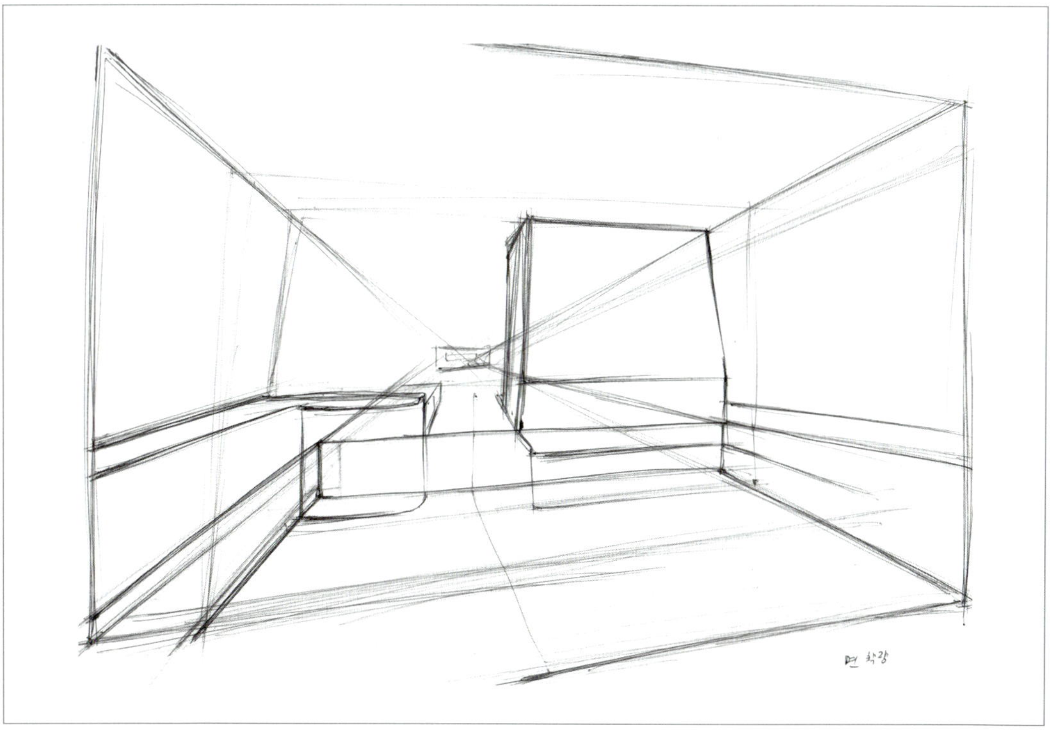

Figure 4.18 : 공간 구체화하기

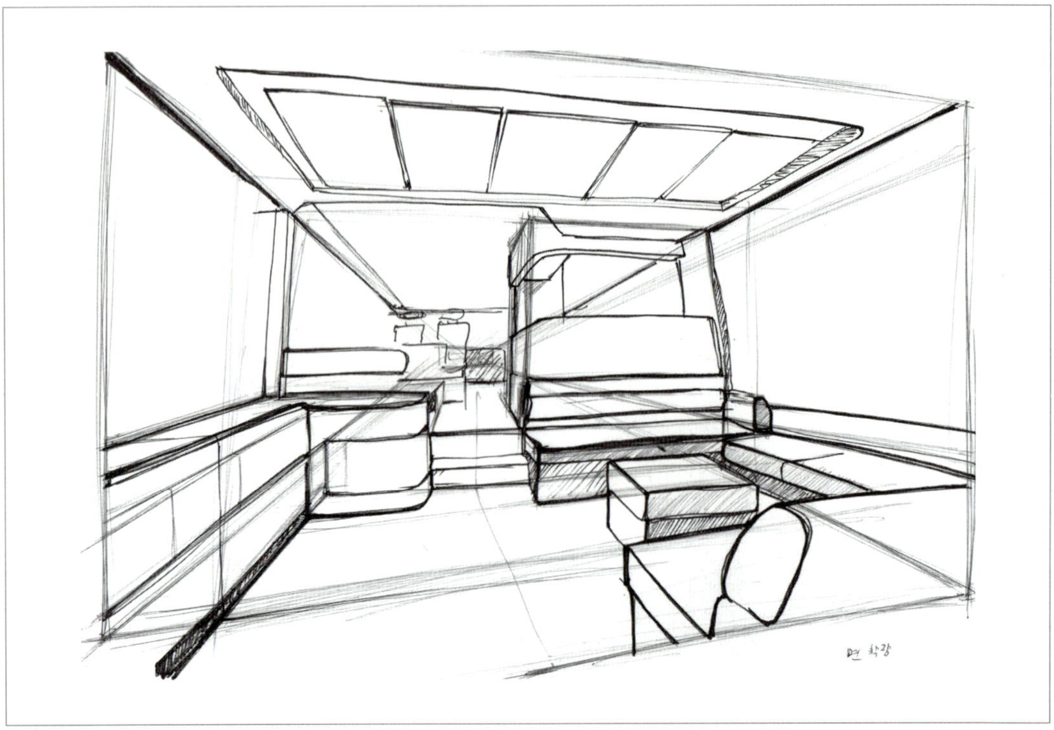

Figure 4.19 : 세부묘사하기

여기에 그려져 있는 인테리어는 요트의 선루 안에 들어가게 되는 살롱(Salon)을 스케치하는 과정입니다. 오른쪽에는 소파와 테이블, 왼쪽에는 주방 설비(Galley)를 스케치하였습니다.

4.2.4 내부(Interior) 예시 2

요트안에 있는 침실을 대상으로 간단한 연습을 해 봅시다. 침대와 배게 그리고 간단한 가구가 배치되어 있습니다. 천장 부분을 주위해서 살펴보세요. 여러분이 그린 스케치는 나중에 상세한 도면 작업을 거쳐 제작에 들어가게 됩니다. 스케치를 할 때는 '생산이 가능한 것인가'라는 점도 마음 한 구석에 염두해 둘 필요가 있습니다.

– 1단계 내부를 볼 수 있도록 육면체와 투시 설정하기(그림 4.20)

– 2, 3단계 실내 공간을 확장, 공간 구체화(그림 4.21, 그림 4.22)

– 4단계 세부 구성요소 그리기(그림 4.23)

Figure 4.20 : 육면체 따라 그려보기

Figure 4.21 : 공간 구체화 따라 그려보기

Figure 4.22 : 공간 구체화 따라 그려보기

Figure 4.23 : 세부묘사하기

4.2.5 내/외부 같이 그리기

〈그림 4.24〉는 세일요트의 내/외부를 같이 스케치한 것이다. 내/외부에 사람을 그려 넣어 전체적인 스케일을 맞추면 대략적인 크기를 가늠할 수 있다. 또한, 외부에는 마스트(Mast)와 기타 리깅(Riggings)을 그려 대략적인 배의 모양을 보여줄 수 있다. 그 외, 보강재(Stiffeners)가 들어갈 위치와 킬(Keel)의 형태와 종류 등도 표현할 수 있다. 〈그림 4.24〉에서는 리깅에 두 쌍의 스프레더(Spreader), 킬은 벌브 킬(Bulb Keel) 그리고 대략적인 캐빈의 높이를 알 수 있도록 그렸다.

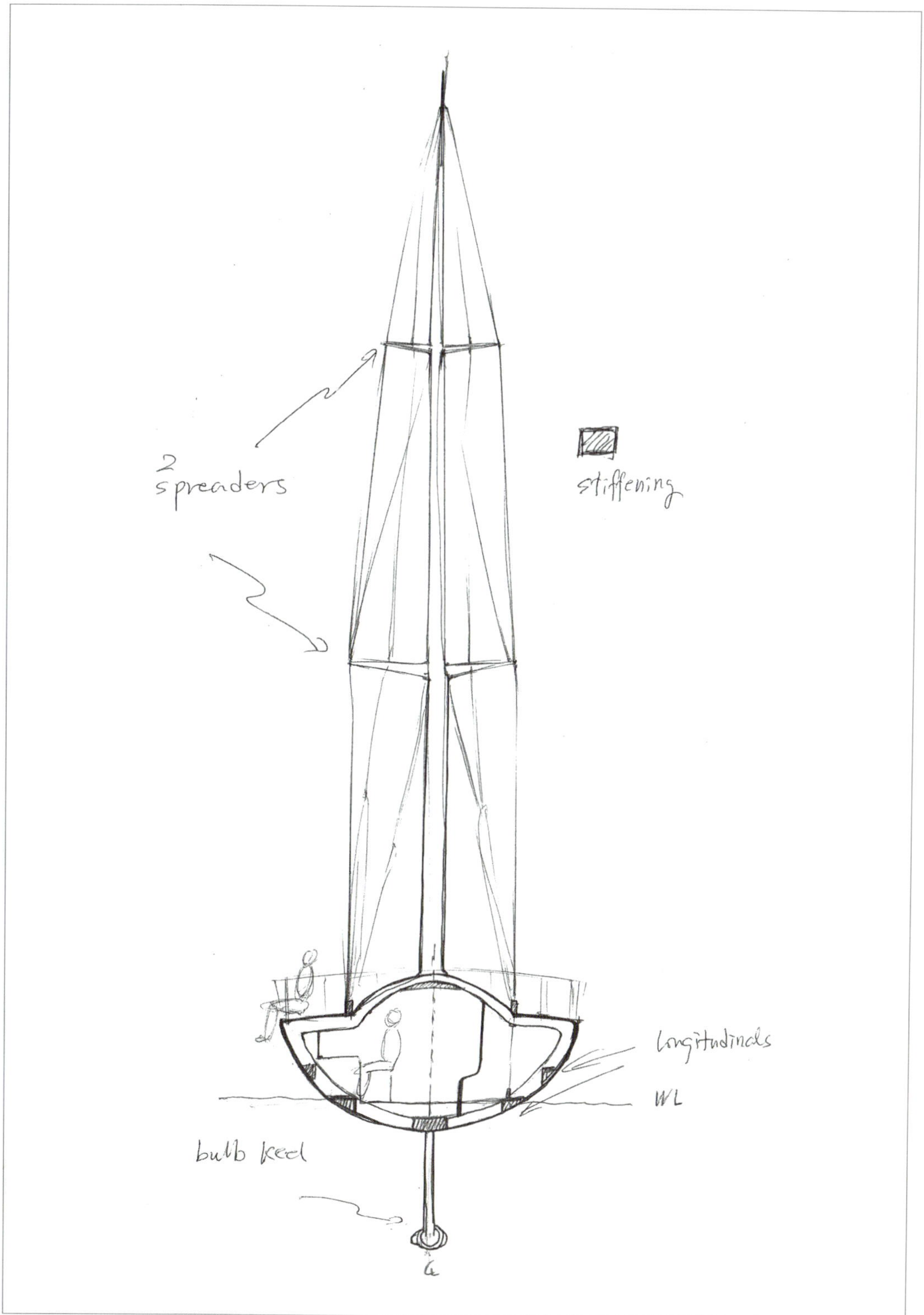

Figure 4.24 : 세일요트 내/외부 그리기(단면도)

4.2.6 스케치 예

〈그림 4.25〉부터 〈그림 4.34〉까지는 다양한 파워요트의 외관이 그려져 있습니다. 투사지에 따라 그리는 연습을 하면 도움이 될 것입니다. 스케치를 할 때는 앞서 연습했던 육면체 그리기부터 시작해 봅시다. 자신이 생기면 다른 종이에도 한번 그려 보세요. 나중에 나오는 렌더링 작업도 한 번 해보면 도움이 될 것입니다.

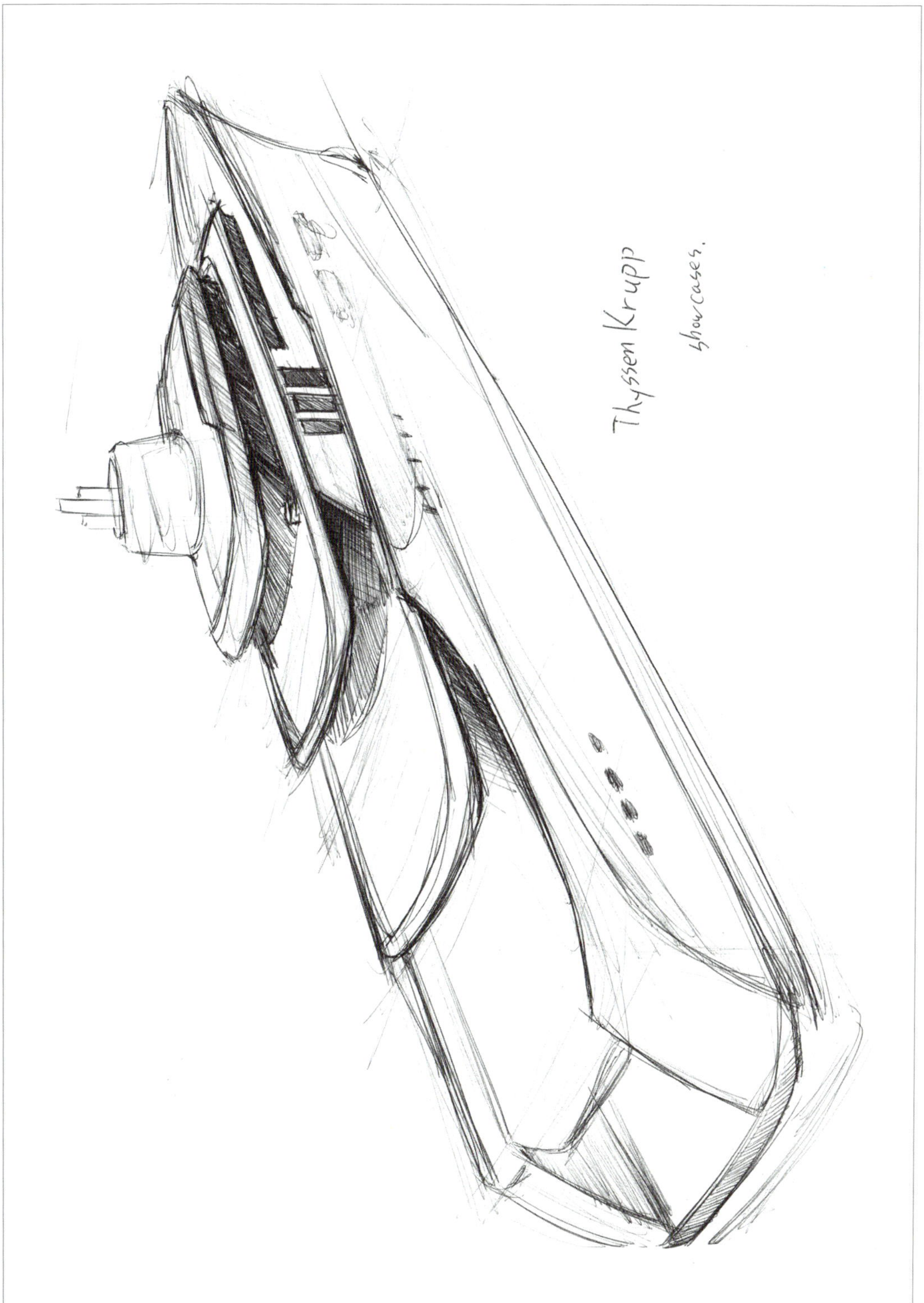

Figure 4.25 : 스케치 따라하기 1

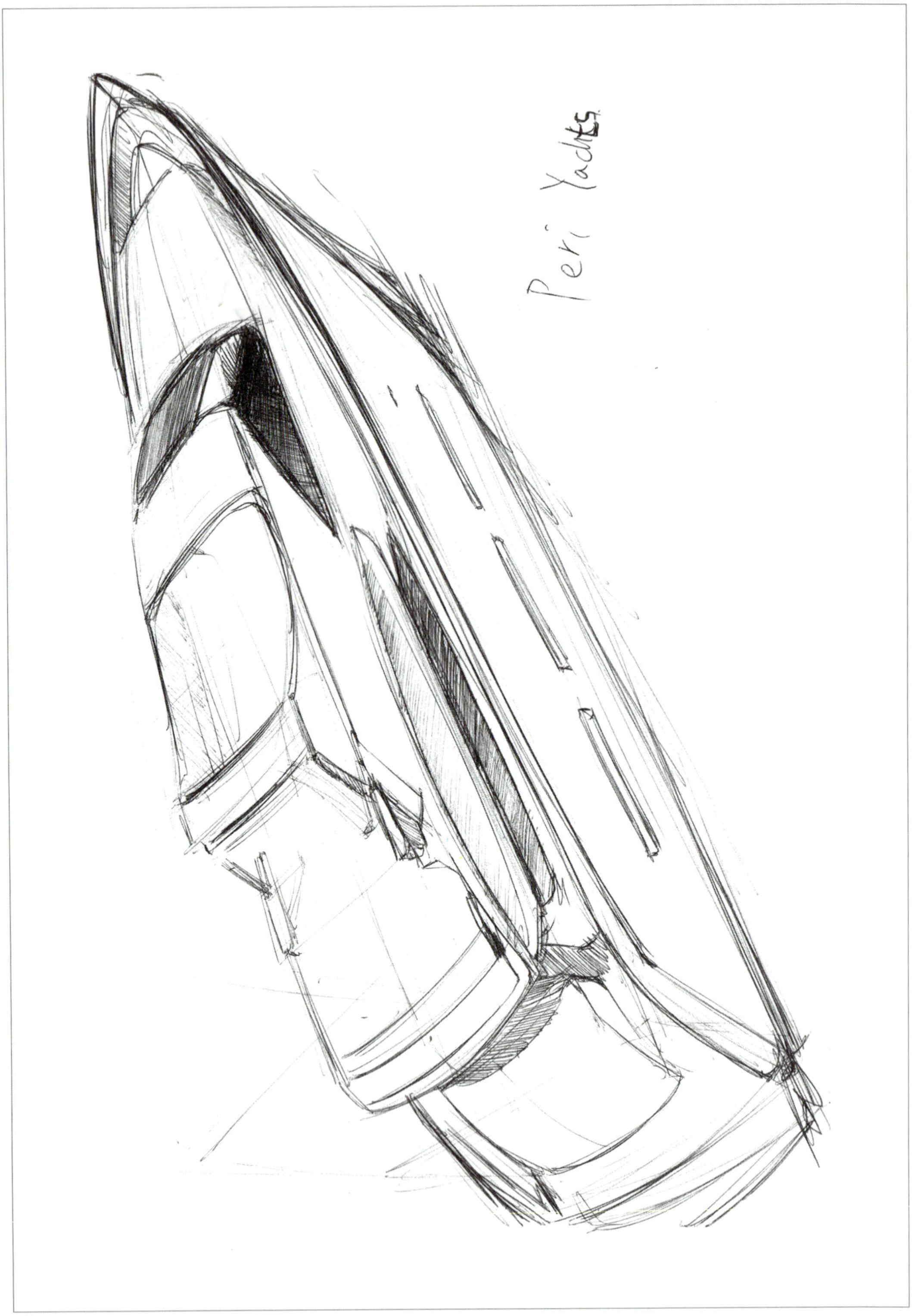

Figure 4.26 : 스케치 따라하기 2

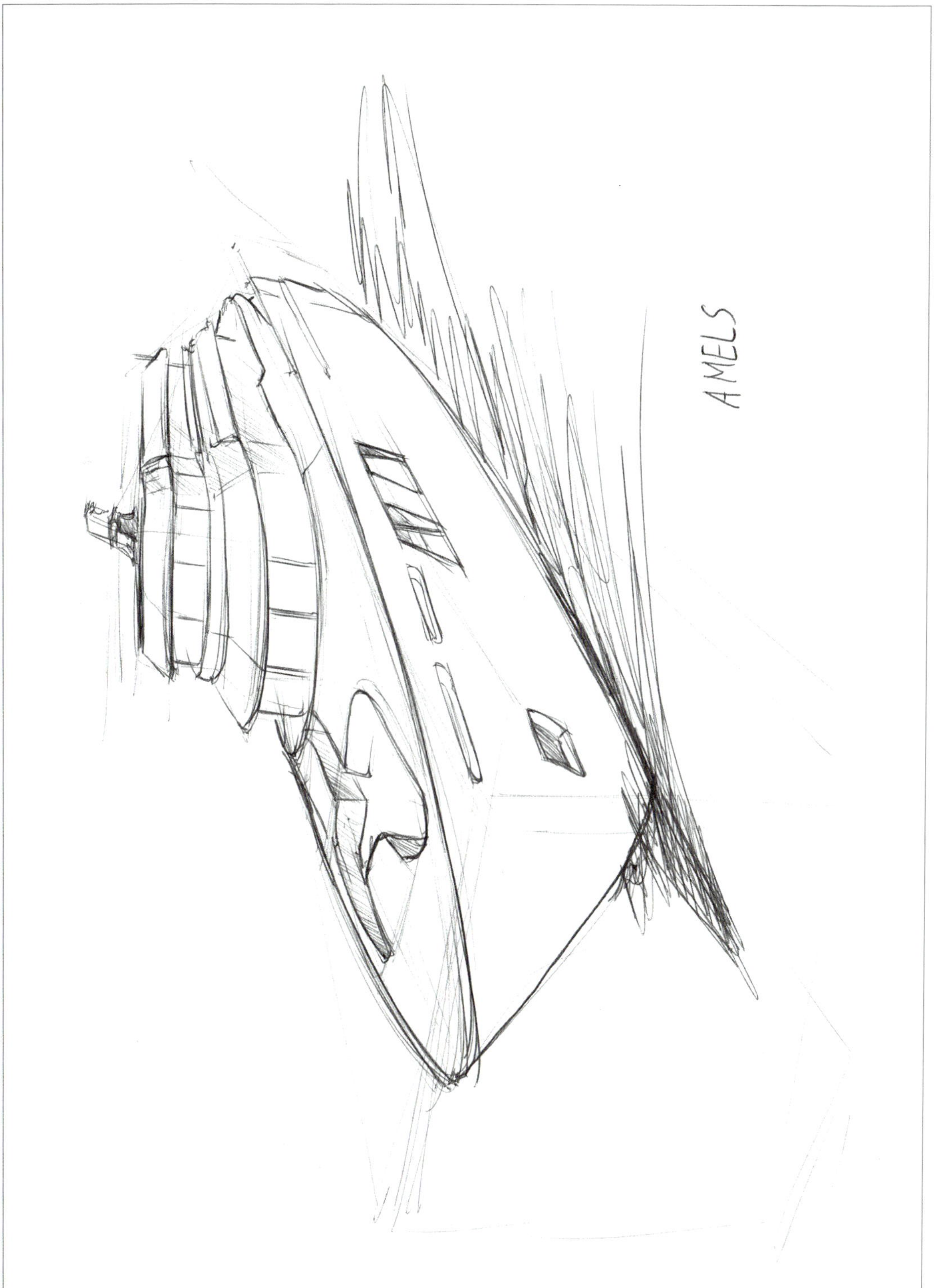

Figure 4.27 : 스케치 따라하기 3

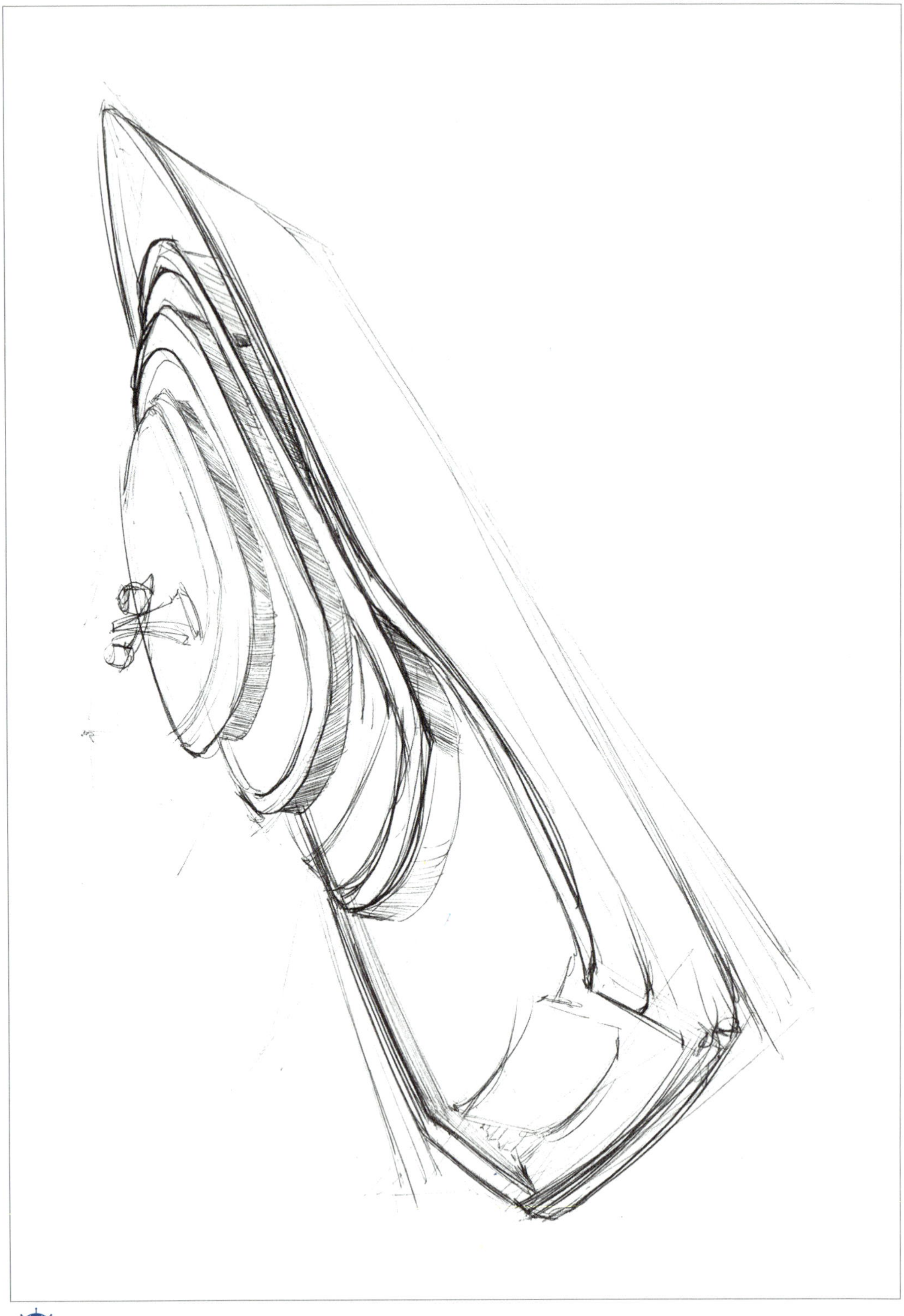

Figure 4.28 : 스케치 따라하기 4

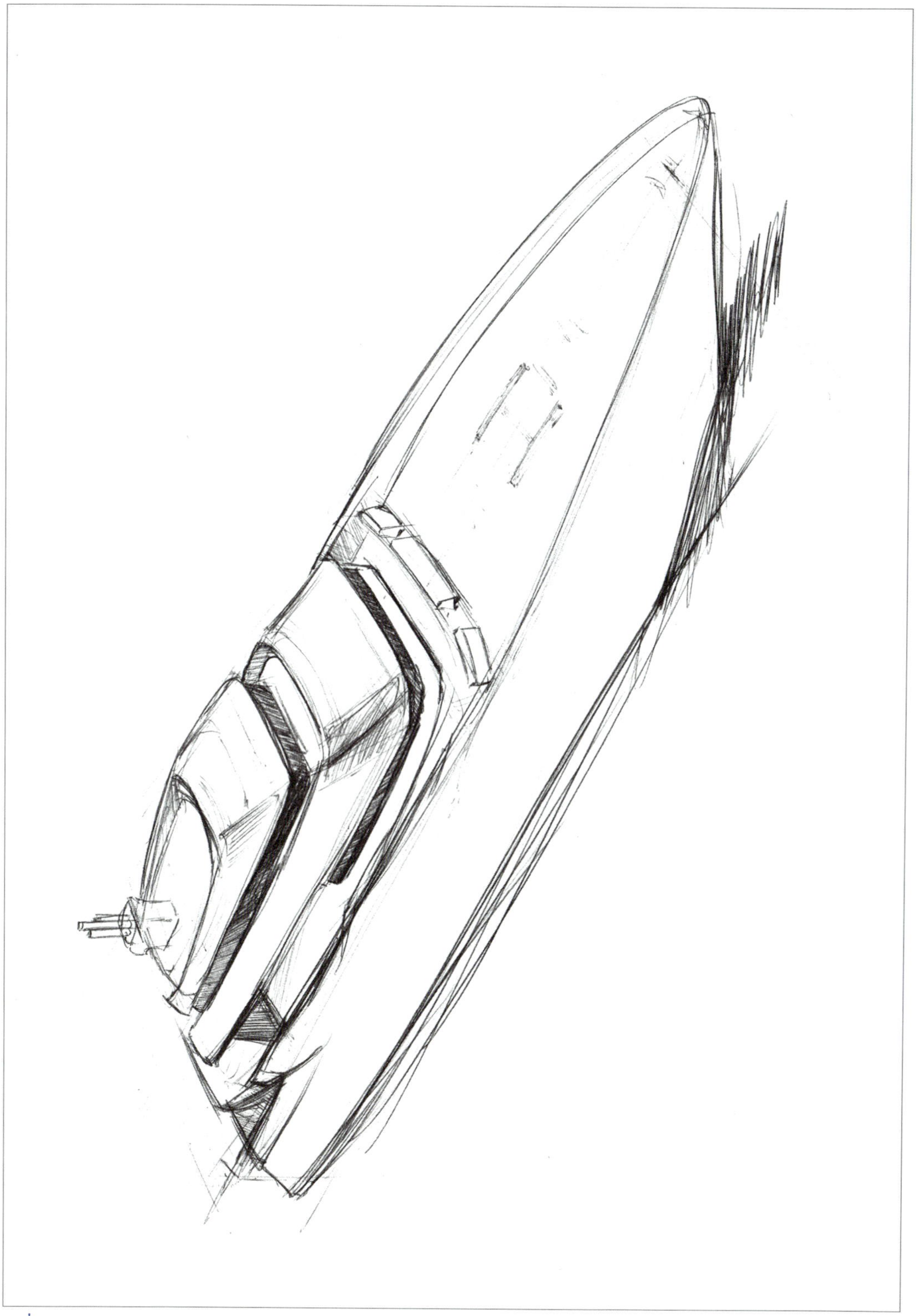

Figure 4.29 : 스케치 따라하기 5

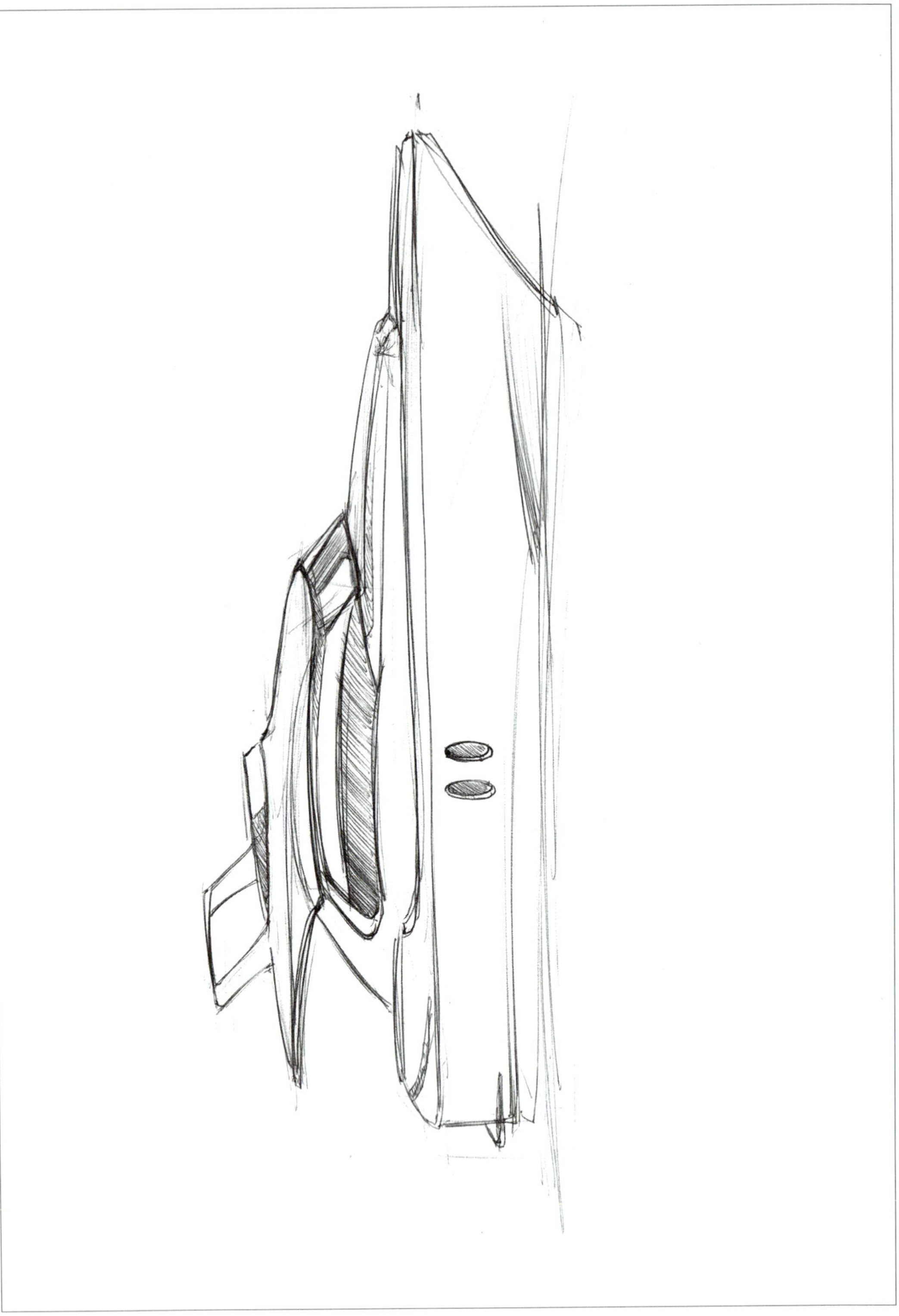

Figure 4.30 : 스케치 따라하기 6

Figure 4.31 : 스케치 따라하기 7

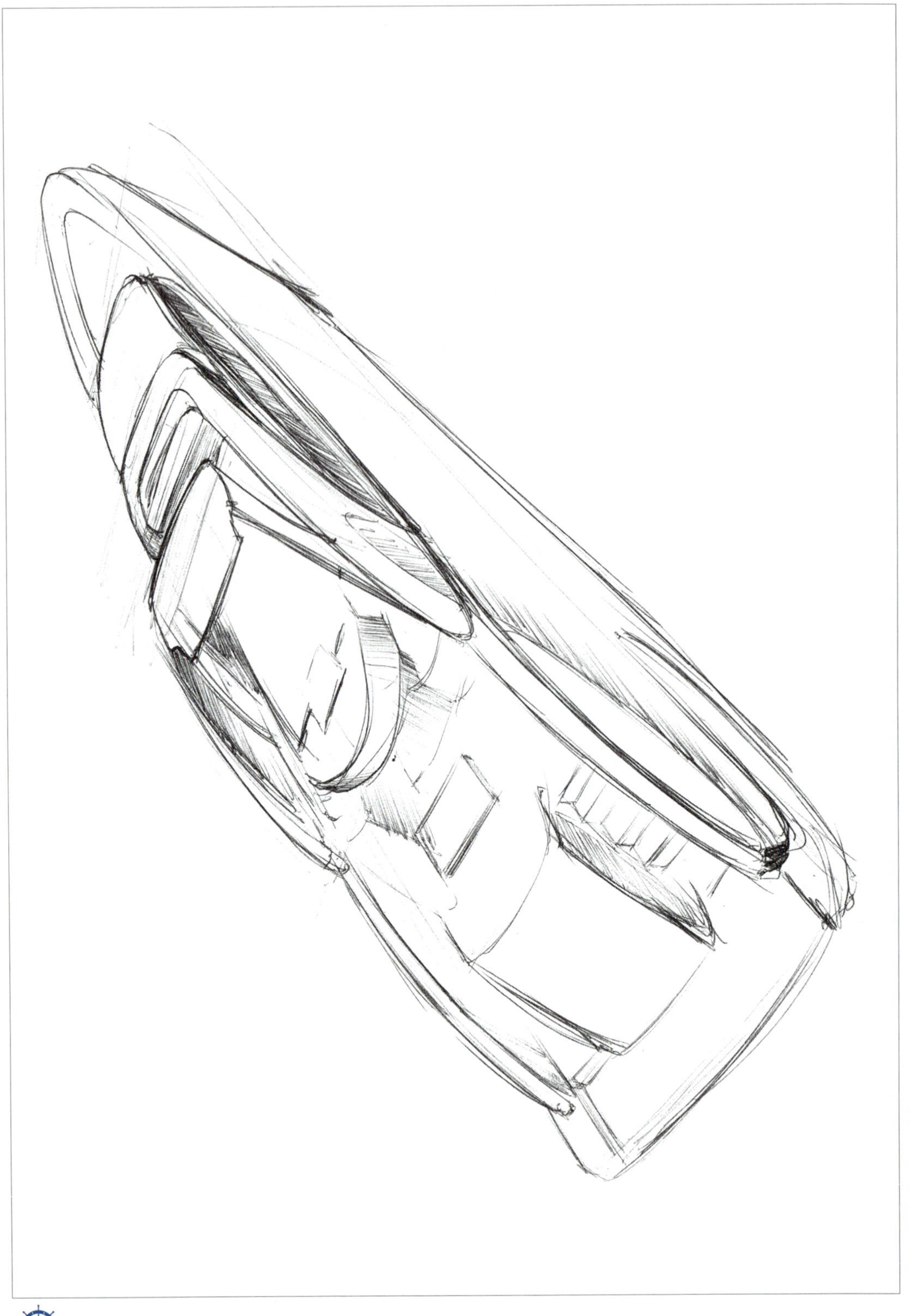

Figure 4.32 : 스케치 따라하기 8

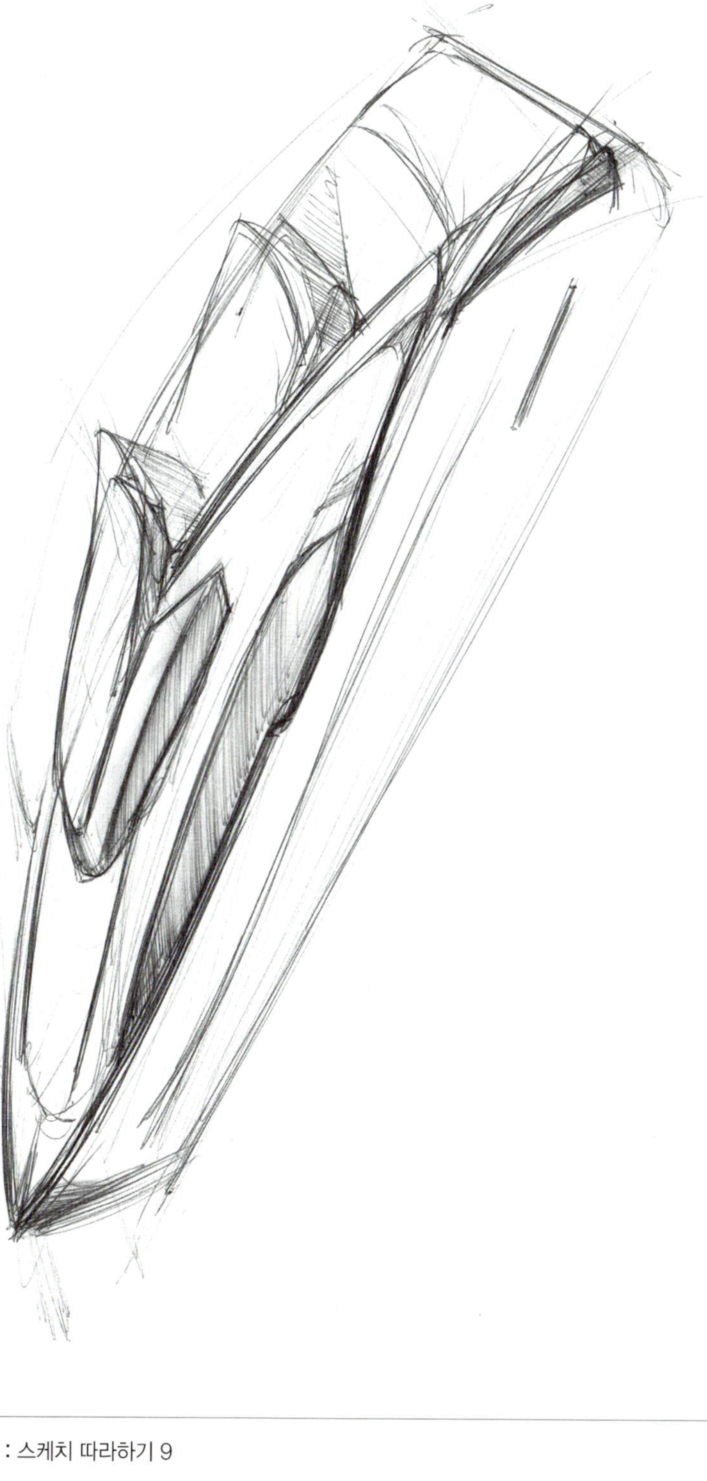

Figure 4.33 : 스케치 따라하기 9

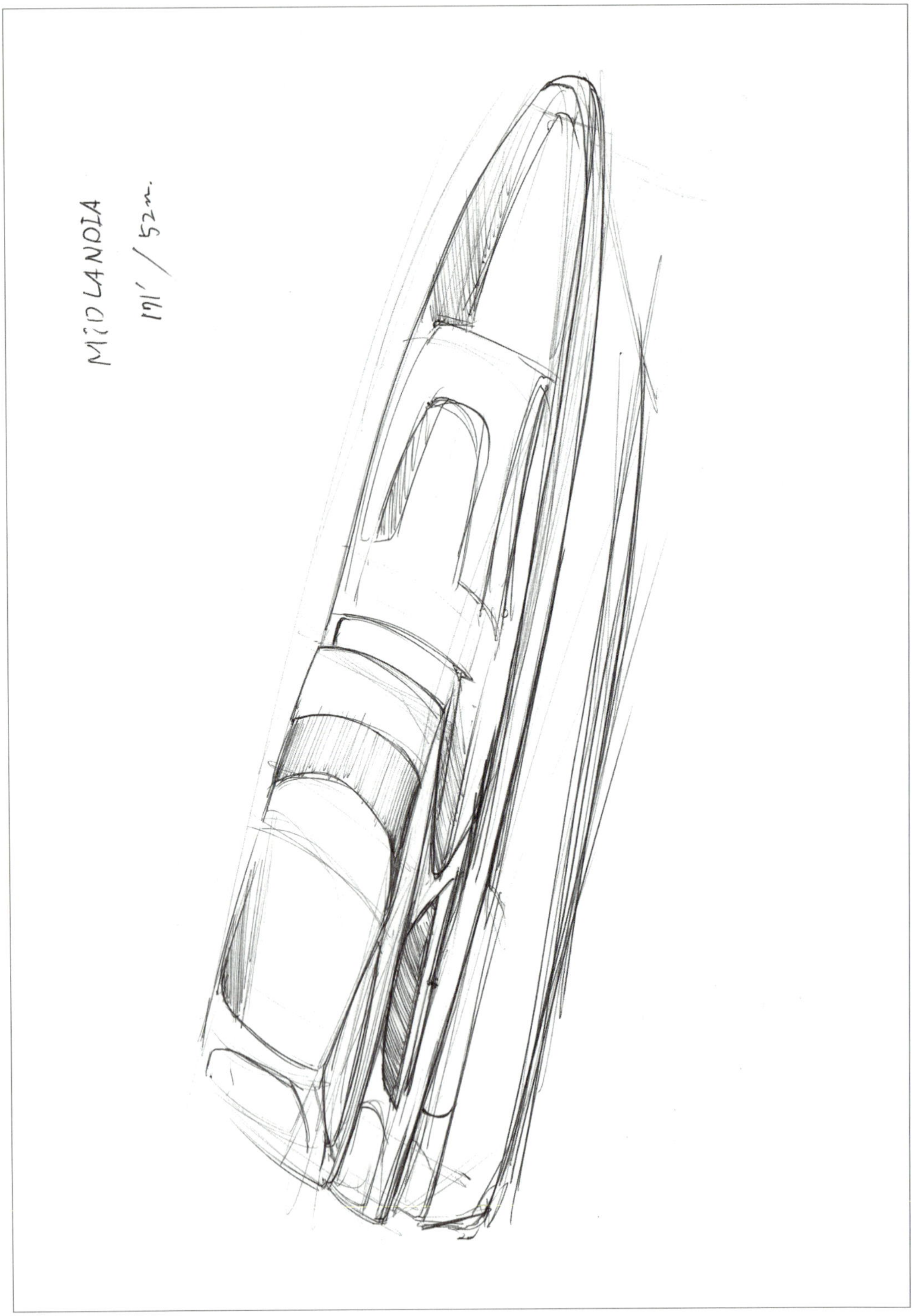

Figure 4.34 : 스케치 따라하기 10

4.3 렌더링(Rendering)

렌더링이란, 기존의 스케치를 색과 세분화된 명암표현을 사용하여 좀더 사실적으로 사물을 표현하는 것을 의미합니다. 대표적인 방법은 〈그림 4.35〉, 〈그림 4.36〉과 같이 마커(Marker)를 사용하여 표현하는 방법이 있습니다.

Figure 4.35 : 마커를 이용한 외관 렌더링

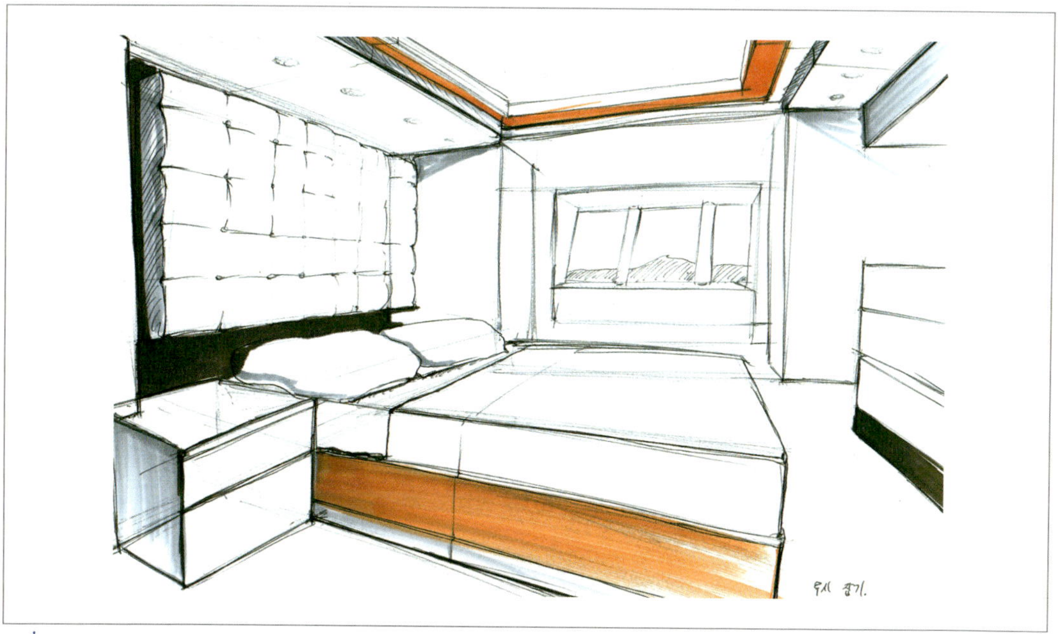

Figure 4.36 : 마커를 이용한 내부 렌더링

Figure 4.37 : 컴퓨터와 프로그램을 이용한 렌더링 예 1

하지만 요즘에는 3D 프로그램의 발달로 인해 마커의 사용이 줄었고 간단히 명암과 특징적인 색상을 표현한 후 렌더링 프로그램으로 형태를 만들고 렌더링을 하는 경우가 많습니다. 〈그림 4.37〉과 〈그림 4.38〉을 참고하세요.

Figure 4.38 : 컴퓨터와 프로그램을 이용한 렌더링 예 2

4.4 아이디어 스케치

스케치를 이용하여 외/내형의 디자인을 보여 줄 수 있을 뿐만 아니라, 배에 대한 구체적인 아이디어도 표현할 수도 있습니다. 역시 비례에 주의하세요. 생각한 아이디어는 스케치에 글로 써두면 나중에 활용하기가 쉽습니다.

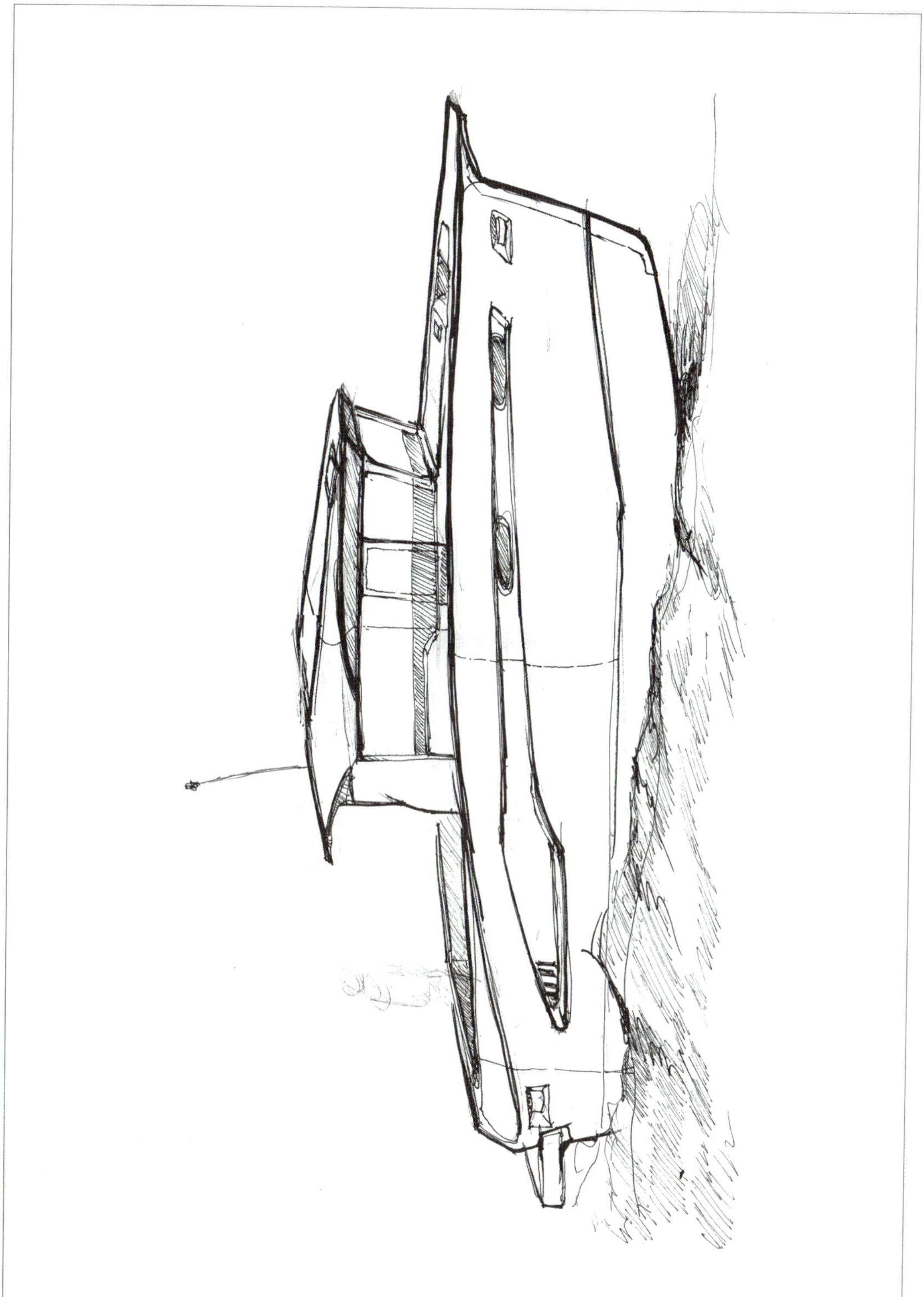

Figure 4.39 : 아이디어 스케치 예 – 3차원

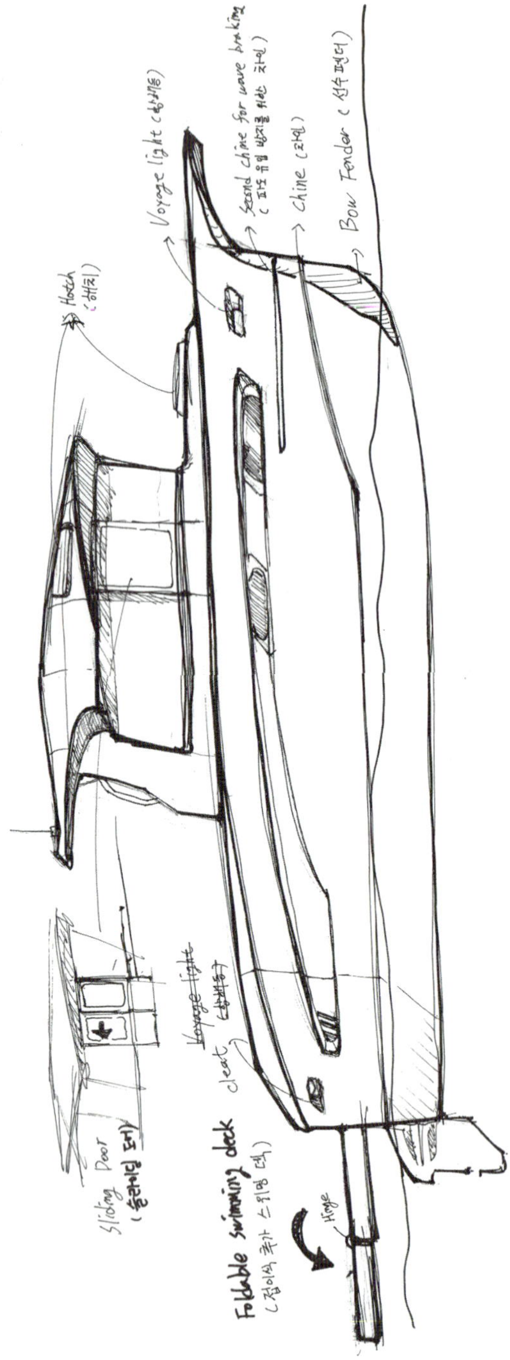

Figure 4.40 : 아이디어 스케치 예 – 측면

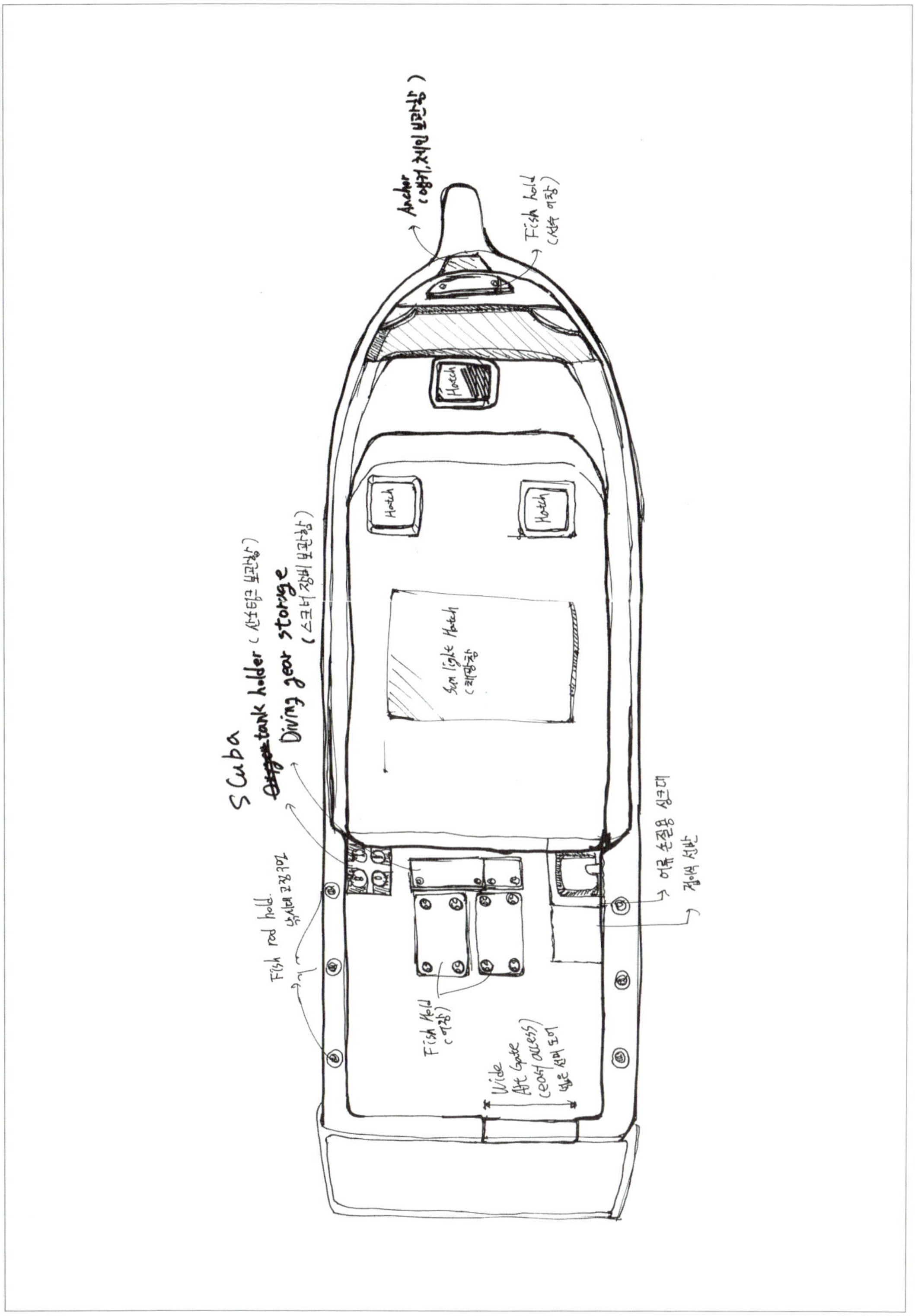

Figure 4.41 : 아이디어 스케치 예 – 배치도

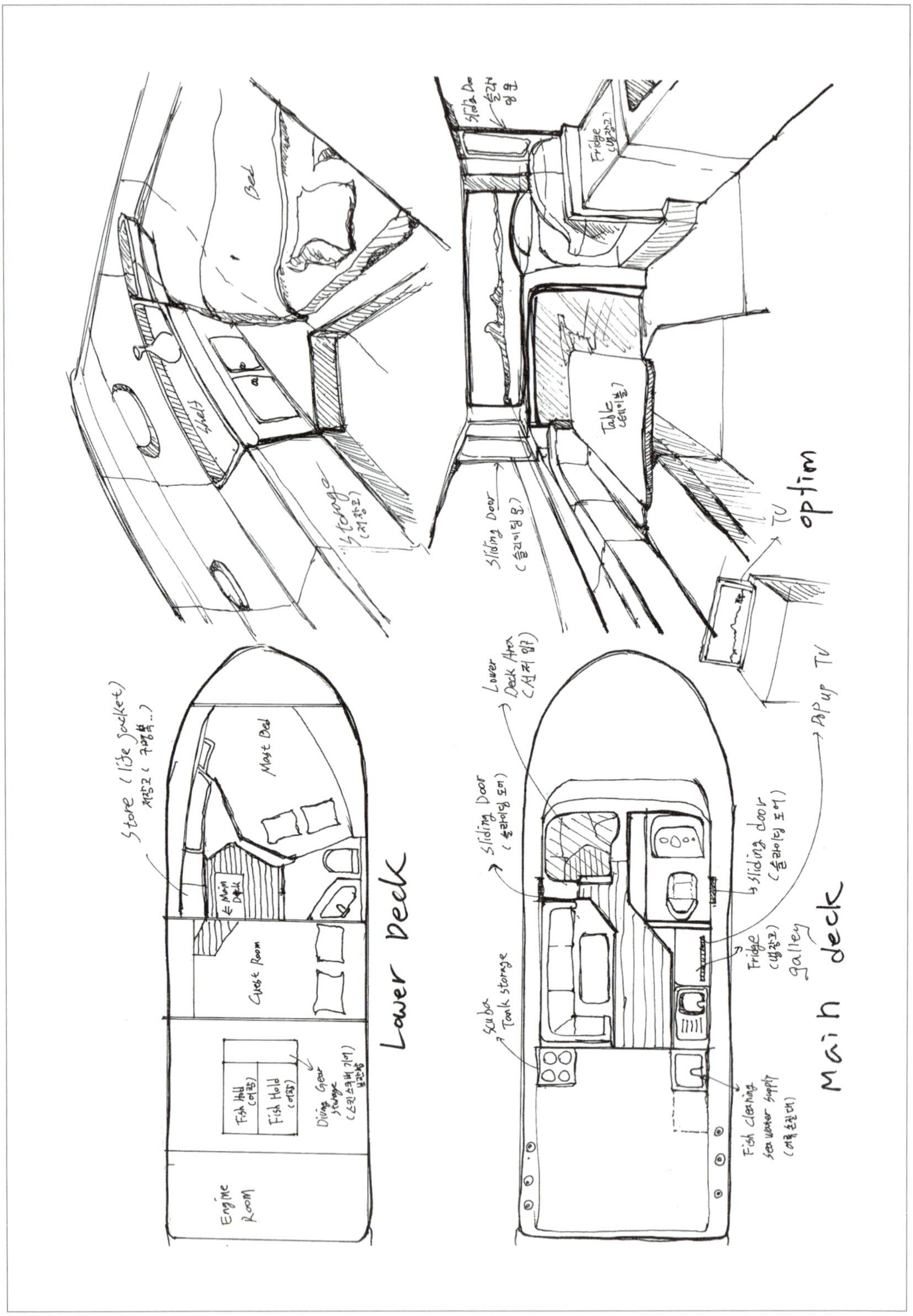

Figure 4.42 : 아이디어 스케치 예 – 측면

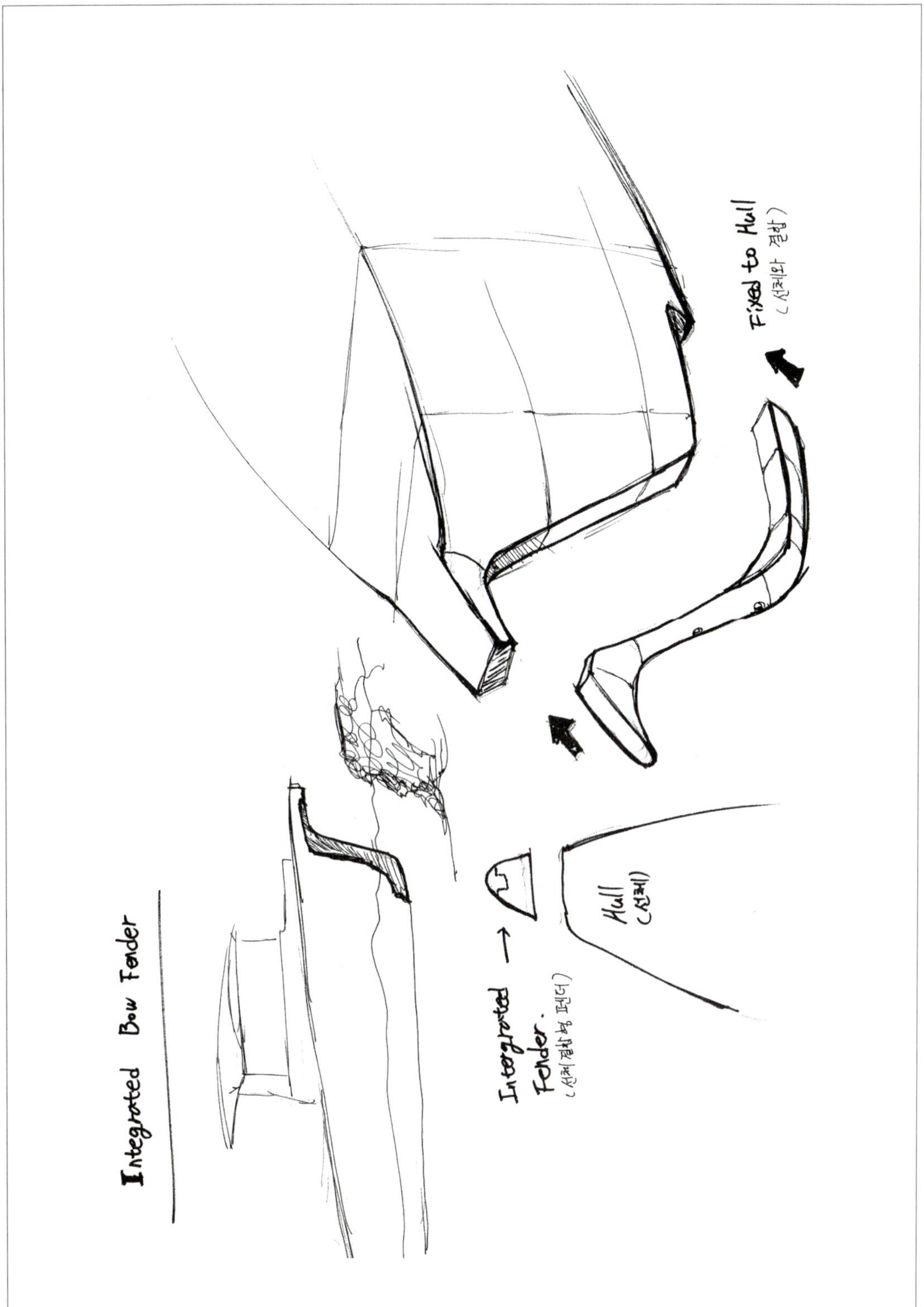

Figure 4.43 : 새로운 아이디어 표현하기 – 일체형 선수 방충재

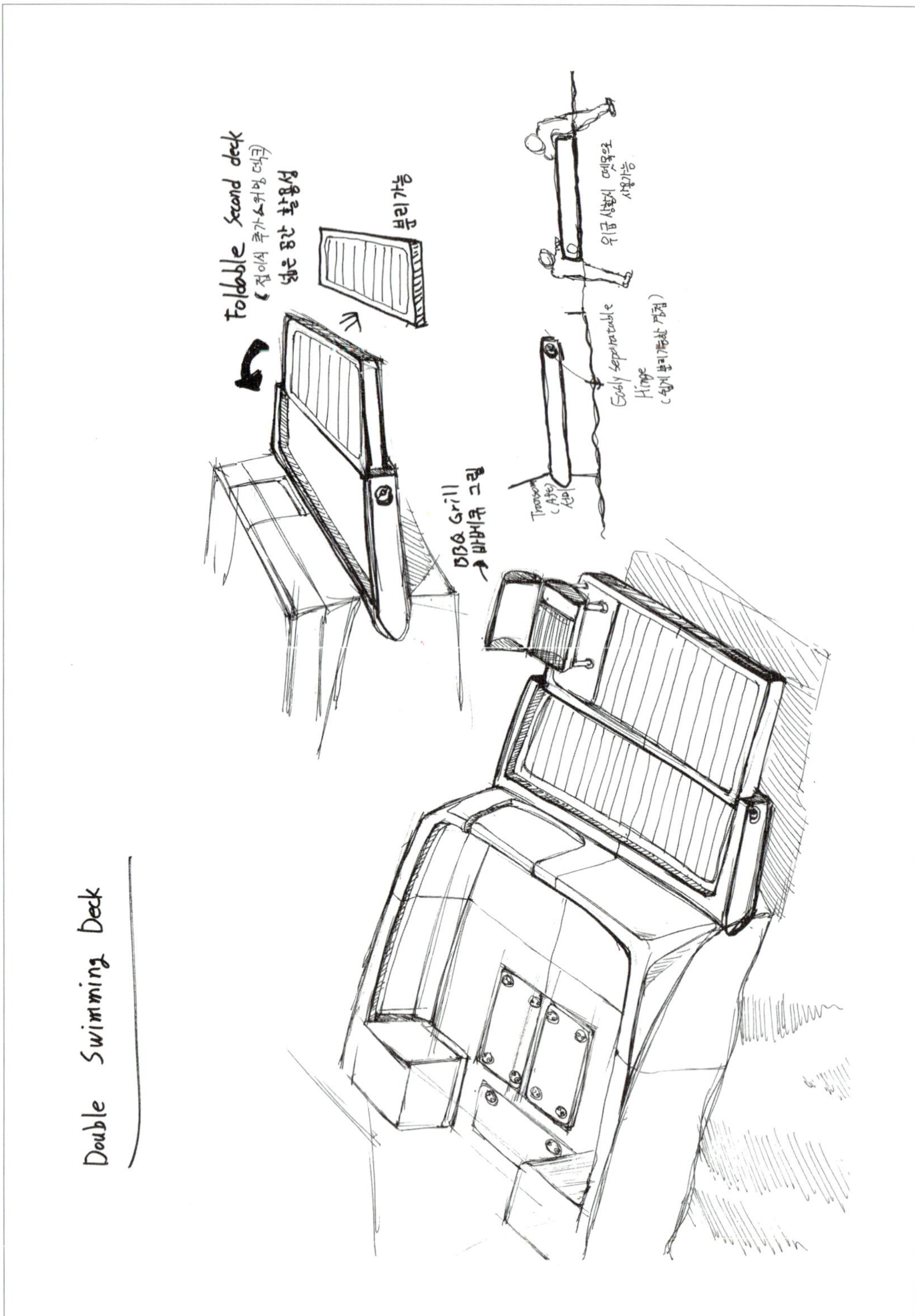

Figure 4.44 : 새로운 아이디어 표현하기 – 스위밍 덱(Swimming Deck)

Figure 4.45 : 새로운 아이디어 표현하기 – 외부 간이 의자

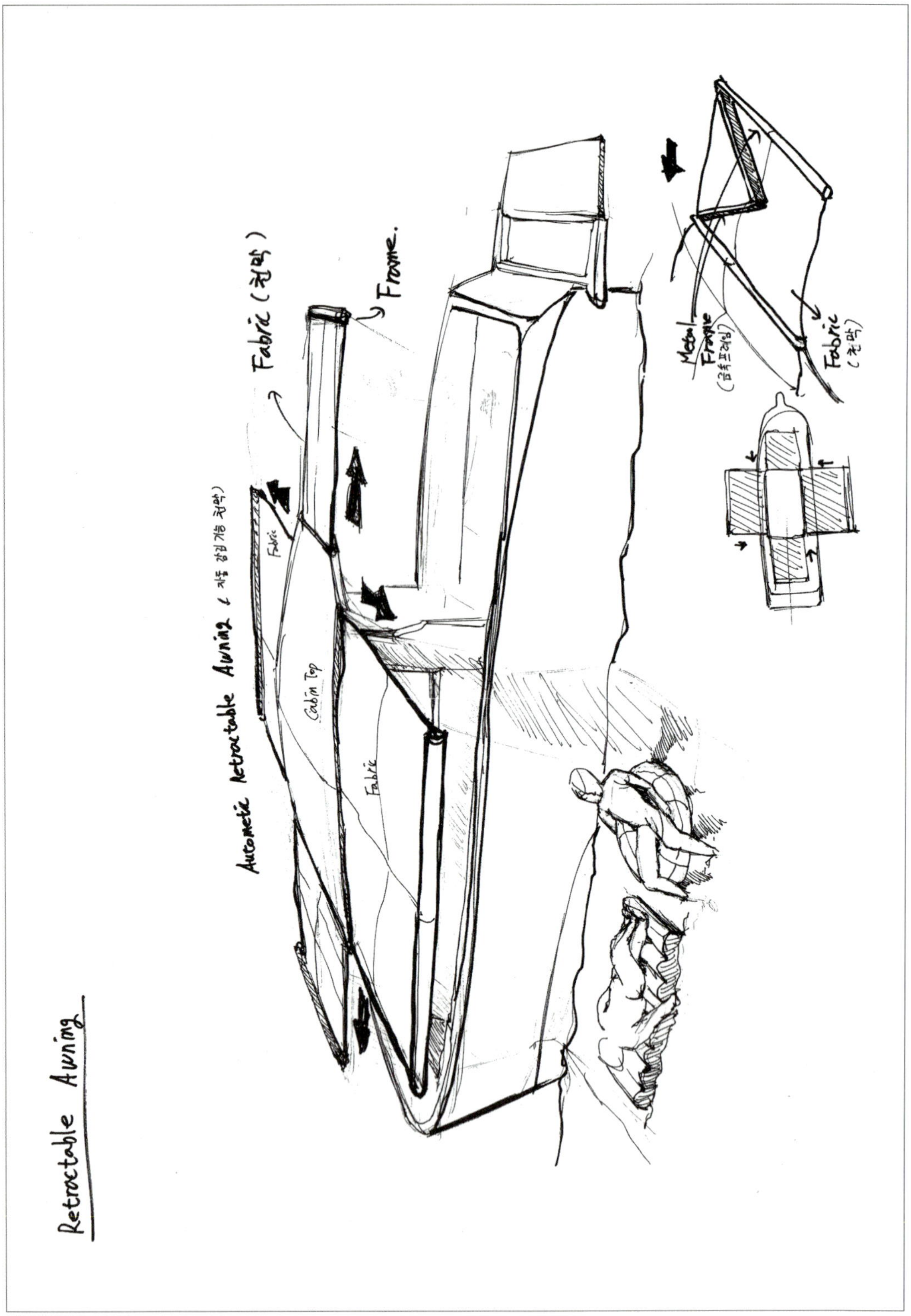

Figure 4.46 : 새로운 아이디어 표현하기 – 어닝(Awning)

CHAPTER. 5

마치면서

이제 이 책을 끝낸 여러분은 〈그림 4.37〉이나 〈그림 4.38〉과 같은 배를 디자인해 보고 싶을지 모르겠습니다. 그러나 시작은 이제부터입니다. 우선 여러분이 해야 할 것은 이 그림들 뒤에 숨어 있는 수많은 이론과 현실을 하나씩 공부해 나가야 하는 것입니다.

우선 학교에서 배우는 이론은 좋은 밑거름이 될 것입니다. 배의 설계 방법, 구조, 저항, 추진, 배의 운동, 파도, 심지어 응용수학까지 많은 것들을 배우십시오. 학교에서 배우는 것 외에 해야 할 것들도 있습니다(학교에서 배운다면 참으로 다행입니다).

선박설계 프로그램을 사용할 수 있으면 좋습니다. 요트설계에는 전용으로 사용하는 설계프로그램들이 있습니다. 이러한 프로그램을 사용하면 배의 용적이나 흘수, 복원성, 구조배치, 동력 추정 등 많은 계산을 수월하게 할 수 있습니다. 맥서프(Maxsurf)와 그 계열의 프로그램은 하나의 예입니다. 그리고 필요하다면 〈그림 4.37〉과 같은 렌더링을 할 수 있는 프로그램들도 배워 두면 좋습니다. 라이노(Rhinoceros)와 같은 렌더링 프로그램이 인기가 있습니다.

우리나라에서는 아직 요트디자이너가 활성화되지 않았기 때문에 회사에 취직을 해서 이 일을 계속한다는 것은 쉽지가 않습니다. 그렇다고 외국에 나가는 것도 쉽지 않을 것입니다. 요트에는 우리나라 대학에서 가르치지 않는 요트만의 특징이 있습니다. 사정이 여의치 않아 우리나라의 대학을 다니고 있으면서 요트에 대해서 공부해 보고 싶다면 참고문헌의 책을 참고하세요. 불행히도 영어 또는 이탈리아어로 되어 있는 책입니다(그림 5.1).

그리고 항상 여러분 주위에 있는 교수님들이나 전문가와 상의하십시오. 대학의 강점은 여기에 있습니다. 그러면 여러분의 길을 찾을 수 있을 겁니다. Bon voyage!

참고도서

Principles of Yacht Design, 4th edition, Lars Larsson, Rolf E Eliasson and Michal Orich(영어/한국어는 곧 발간 예정).

Yacht Design dal Concept alla Rappresentazione, Massimo Musio–Sale(이탈리아어).

Aero–Hydrodynamics and the performance of sailing yachts–The science behind sailing yachts and their design, Fabio Fossati(영어).

Superyachts yacht design studio workshop, Musio–Sale, Zignego, Morrozzo(영어/이탈리아어).

Figure 5.1 : 참고도서